창업지원금 10억 이상 받는

정부지원사업
합격의 정석

창업지원금 10억 이상 받는

정부지원사업 합격의 정석

이혁재 지음

창업지원금 10억 이상 받는 방법

좋은 창업 아이디어 검증방법

초보자도 쉬운 시장규모 추정방법

합격하는 정부지원 사업계획서 작성 샘플

예비창업패키지, 디딤돌창업과제, 성능지표 목표 작성 샘플

합격하는 대면평가 대응전략

좋은땅

창업지원금 10억 이상 받는

정부지원사업
합격의 정석

경고

이 책을 읽고 난 후,
정부지원사업에 너무 많이 합격해서
'좀비기업'이 될 수 있으니
주의를 요함.

목차

제3장 ___ 아이디어 검증방법 및 시장규모 추정방법

제4장 ___ 합격하는 정부지원 사업계획서 작성 샘플

제5장 ___ 합격하는 신청전략과 대면평가 대응방법

창업분야 베스트셀러가 된 두 권의 내 책이 있다. 하나는 기술개발 사업계획서 작성법을 알려 주는 《초보창업자도 100% 성공하는 정부지원사업 합격 사업계획서 쓰는 법》이고 또 하나는 예비창업자가 창업지원금을 받고 창업하는 방법을 알려 주는 《창업지원금 1억 받고 시작하는 초보 창업 방법》이다.

두 권의 책에서 아쉬웠던 것은 초기 창업지원금을 받는 방법에만 초점을 두다 보니 딱 '1억짜리 사업계획서 작성'과 '예비창업패키지 합격'이라는 단기적 목표에만 치중했다는 것이다. 창업하면 1억만 필요한 것도 아니고 1년만 하는 것이 아니기 때문에 더 멀리 보고 **나처럼 여러 번, 최소 10억 이상, 창업지원금을 받는 방법**을 알려 주는 것이 더 필요하다고 생각했다.

또 내가 지난 16년간 40번 이상 정부지원사업에 합격한 경험을 토대로 쓴 **《초보창업자도 100% 성공하는 정부지원사업 합격 사업계획서 쓰는 법》이 정부지원사업 합격의 교과서로 알려지기 시작**하면서 정부지원사업에 합격하는 법을 알려 주겠다며 내 책이나 강의콘텐츠 형식을 그대로 흉내 내거나 단지 몇 번의 합격 경험으로 정부지원사업을 모두 다 아는 것처럼 요령 위주로 설명하는 것을 보며 내

노하우를 좀 더 구체적으로 알려 주고 싶다는 생각을 했다. 이 책은 정부지원사업에 합격하는 요령을 알려 주는 책이 아니라 합격하는 정석을 알려 주는 책이다.

나는 자타공인 정부지원사업의 달인이다. 창업자로 나보다 정부지원사업에 많이 합격한 사람을 본 적이 없다. 그래서 **나는 창업자가 정부지원사업에 합격할 수 있는 정석을 잘 알고 있다.** 나는 이 책에서, 내가 직접 경험하고 검증한 60건(컨설팅을 포함해서) 이상의 정부지원사업 합격 사례를 바탕으로 나처럼 창업지원금 10억 이상 받을 수 있는 방법을 매우 구체적으로 설명했다.

이 책은 창업자가
① 창업 아이디어의 가치를 더 크게 만들고
② 제품을 명확히 정의하고 시장규모를 확정하여
③ 창업지원금 받을 계획을 수립하고
④ 정부지원사업 합격에 유리한 자격을 갖춰
⑤ 창업 사업계획서와 기술개발 사업계획서를 작성하여
⑥ 합격하기 유리한 방법으로 정부지원사업에 신청하고
⑦ 여러 번 합격하여
⑧ 3년에 걸쳐 창업지원금 등 정부지원사업으로 10억 이상을 받아
자금 걱정 없이 사업을 영위할 수 있는 핵심 노하우를 알려 준다.

이 책을 꼭 읽어야 할 사람
① 억 단위 창업지원금을 받고 싶은 사람

② 청년 · 중장년 예비창업자

③ 초기 창업기업 대표 및 임직원

④ 7년 미만의 중소기업 대표 및 임직원

⑤ 좋은 창업 아이디어는 있지만 창업자금이 없는 사람

⑥ 창업지원금과 개발지원금으로 10억 이상 받고 싶은 사람

정부의 창업지원금과 개발지원금은 매년 증가하고 있다. 정부지원금을 받는 사람이 따로 정해져 있는 것은 아니다. 누구에게나 기회가 있고 받을 수 있는 방법이 있다. 그런데 좋은 아이디어가 있으면서도 창업지원금과 개발지원금을 받는 방법을 몰라 못 받는 것을 보면 많이 안타깝다.

창업지원사업으로 매년 최소 10,000명 이상이 창업지원금을 받는다. 창업자들의 아이디어로 전국 순위를 매긴다고 가정할 때, 자신의 아이디어가 10,000등 안에 들 수 있다고 생각하면 가능성이 있는 것이다.

창업지원금을 확실하게 받고 싶다면 이 책을 읽고 더 빨리, 더 많이 받길 바란다. **제대로 창업을 했다면 창업지원금은 한 번이 아닌 여러 번, 1억이 아닌 10억 이상 받아야 한다.**

2020년 11월

정달멘토 이혁재

제1장

창업지원금 받는 창업자

(1)
창업지원금 쉽게 받는 창업자

· 16년간 40여 건, 30억 이상 정부지원사업 합격

창업 관련 정부지원사업 규모가 계속해서 늘어나고 있다. 이에 창업지원금을 받고 싶은 창업자들을 대상으로 하는 강의, 컨설팅, 멘토링 사업도 늘고 있는데 그 효과는 매우 의심스럽다. 정부지원사업에 합격한 경험이 한두 번뿐인 사람이 창업지원금 받는 법이나 정부지원사업 사업계획서 작성법에 대해 강의를 하는 것을 본 적이 있는데 '과연 얼마나 제대로 알려 줄 수 있을까?'라는 생각을 했다. 또 박사 · 기술사 · 경영지도사 등의 자격으로 평가위원 경험을 강조하면서 정부지원사업 관련 컨설팅을 하는 경우도 봤는데, 어느 정도 경력만 되면 누구나 평가위원이 될 수 있기 때문에 내세울 수 있는 경험도 아닌데다가 평가위원이라고 해서 정부지원사업에 쉽게 합격하는 것도 아니라 헛웃음이 나오기도 했다.

정부지원사업에 합격하는 방법을 한두 번의 합격경험으로는 제대로 알려 줄 수 없고 평가위원 경험은 강조할 사항이 아니라 필수조건인 것이다. 중요한 것은 컨설턴트 본인이 수십 가지 종류의 정부지원 사업계획서를 직접 작성하고 신청해서, 발표하고 합격해서, 끝까지 사업을 수행해 본 경험이다. 그래야 창업자들의 상황을 분석하여 어떤 정부지원사업에 합격할 수 있는지를 제대로 알려 줄 수 있다. 때문에 **정부지원사업 컨설팅을 받을 때는 컨설턴트가 정부지원사업에 합격한 경험이 얼마나 많은지 확인해 보는 것이 좋다.**

내가 IT벤처기업에서 대리로 근무할 때, 2001년에 1억짜리 기술개발사업에 합격한 것을 시작으로 2006년까지 4번 합격해서 기술개발지원금으로 약 6~7억을 받았다. 2008년에 창업을 했는데 2017년까지 약 10번 이상 개발지원사업에 합격했다. 그리고 기술개발사업이 아닌 바우처성 정부지원사업(사무실, 마케팅, 특허, 해외진출, 타당성분석, 프로슈머테스트, 고용, 공모전상금 등 사업이나 개발비 성격이 아닌 사업에 있어서 특정분야를 직접 지원해 주는 사업)에도 30번 이상 합격했다. 16년간 지원받은 내용을 현금으로 환산하면 30억 이상이다. 그 경험으로 정부지원사업 관련 책[1]을 썼는데 모두 베스트셀러가 되었다.

요즘 들어 창업지원금 관련 책이 더 많이 출판되고 있다. 그런데 몇몇 책은 알맹이가 전혀 없는 수박 겉핥기식이거나 철 지난 정부지원사업 공고들을 모아 놓고 정부지원사업 합격전략이라며 몇 만 원씩 받는다. 정부지원사업을 아무 때나 신청할 수 있는 것도 아니고 신청할 때도 시간과 노력을 많이 투자해야 하는데 이상한 책으로 시간을 낭비하면 안 된다. **무언가 방법이나 전략을 알려 주는 책을 고를 때는 실제 합격 사례나 샘플을 통해 직관적으로 설명하고 아주 사소하고 세밀한 노하우까지 알려 주는 책을 선택해야 한다.**

---

1 《초보창업자도 100% 성공하는 정부지원사업 합격 사업계획서 쓰는 법》(2019.1), 《창업지원금 1억 받고 시작하는 초보 창업 방법》(2019.12)

· 창업지원금 받는 방법에 따라 100% 정부지원사업 합격

나는 2018년부터 본격적으로 정부지원사업 컨설팅을 시작했다. 중도에 스스로 포기한 창업자를 제외하고 내가 컨설팅한 창업자들은 모두 원하는 정부지원사업에 합격했다. 정부지원사업에 한 번 합격할 때마다 지원받은 금액은 대략 1억 5천만 원에서 4억 원이었다. 창업자들은 나를 만나기 전까지는 정부지원사업에 매번 탈락했다. 합격하기 위한 치밀한 계획도 없고 방법도 모르고 전략도 없는 상태에서 무작정 신청만 했기 때문에 탈락했던 것이다. 그 창업자들의 아이템을 처음 봤을 때 모두 정부지원사업에 충분히 합격할 수 있다고 생각했다. 그렇게 컨설팅을 시작했고 모두 합격했다. 컨설팅을 통해 제품이나 서비스가 새로 바뀐 것은 없었다. 창업자들의 이야기를 듣고 **'정부지원사업 합격의 정석'에 따라 준비하고 같이 사업계획서를 작성해서 다시 신청했을 뿐이었다. 그리고 모두 합격했다.**

나는 창업자의 전략을 담당하는 참모의 자세로
① 창업자의 현황과 아이템을 분석하여
② 정부지원사업 신청계획을 수립하고 유리한 신청자격을 갖추고
③ 아이디어를 쉽게 재정의하고 설명 레퍼토리를 만들고
④ 시장규모와 목표매출을 객관적으로 추정하여 근거자료를 만들고
⑤ 표준 사업계획서를 완성하여
⑥ 자격이 되는 모든 정부지원사업에 신청을 하고 서면평가에 통과되고
⑦ 합격할 수밖에 없는 대면평가 대응방법에 따라 발표하여
좋은 결과를 얻었다.

대부분의 창업자는 정부지원사업에 한 번 합격하게 되면 그것으로 컨설팅을 종료했다. 컨설팅을 그만두는 이유는 다른 사업에 더 집중하거나 추가 아이템이 없거나 현재 정부지원금을 받은 아이템을 개발하는 것만으로도 여력이 부족했기 때문이다. 그리고 한 번 합격하고 나니 정부지원사업이 쉬워 보였던 것이다. 그 이후로 또 합격했다는 소식을 듣지 못했다.

계속 컨설팅을 진행하는 창업자도 있었다. 그런 창업자는
① 기존 아이템에서 파생된 아이디어나 완전히 새로운 아이디어가 있고
② 개발 여력도 충분히 있으면서 사업화를 통해 적지만 매출이 있고
③ 무엇보다 내가 설계한 추진계획을 실행하겠다는 의지가 확고했다.

그 창업자들은 다른 정부지원사업에도 계속 합격했다. 컨설팅을 받기 전에는 '나도 창업지원금 1억 받을 수 있을까?'라고 합격 여부가 가장 중요한 관심사였다면 **처음 합격을 경험한 후에는, 또 다른 아이템으로 합격하는 것은 당연한 것으로 여기고 '이번엔 2억일까? 4억일까?' 지원받는 금액이 더 중요한 관심사가 되었다.** 이런 창업자들이 결국에는 정부지원사업 10억 이상을 받게 된다.

창업한 지 4년이 넘은 창업자A는 한 번도 정부지원사업에 합격한 적이 없었다. 하지만 컨설팅을 통해 제품서비스연구개발사업(1.5억), 전략형창업과제(4억), 창업도약패키지(최대 3억)까지 연속으로 합격했다. 조

만간 창업지원금으로 10억 이상 받을 것이다. 창업한 지 3년이 넘도록 정부지원사업에 합격한 경험이 없었던 창업자B도 컨설팅을 통해 창업성장기술개발사업(1.5억), 전략형창업과제(4억)에 합격하고 창업도약패키지를 준비 중에 있는데 조만간 창업지원금으로 10억 이상을 받을 것이다. 또 내가 예비창업패키지 전담 멘토로 활동할 때 매칭 됐던 창업자들 중 3명의 창업자는 청년창업사업학교와 초기창업패키지에도 합격했고 현재는 창업성장기술개발사업, 중소기업기술혁신개발사업 등에 추가로 합격했다. 이 창업자들은 예비창업패키지, 청년창업사관학교, 초기창업패키지 등 처음부터 2건의 창업지원금을 받아 사업을 시작했고 계속 사업을 한다면 창업지원금 10억 이상을 받을 것이다.

위 창업자들은 나처럼 정부지원사업으로 창업지원금 10억 이상 받는 방법을 알게 되었다. **창업지원금은 특정한 창업자들을 위한 전유물이 아니라 신제품에 대한 아이디어가 있는 성실한 창업자라면 누구나 받을 수 있는 것이다. 중요한 것은 정부지원사업 합격의 정석을 아느냐 모르느냐이다.**

(2)
못 받는 창업자, 1억만 받는 창업자,
10억 이상 받는 창업자

· 창업은 받지만 개업은 못 받는다

창업지원금 10억 이상을 받으려면 우선 정부지원금의 개념부터 이해해야 한다. 창업지원금이라고 하면 말 그대로 그냥 주는 돈, 갚지 않아도 되는 돈으로 생각한다. 갚지 않아도 되는 돈은 출연금이라고 한다. 창업지원금에는 출연금도 있지만 낮은 이자로 빌려주는 대출이 훨씬 많다. 창업지원 대출도 통상 창업지원금으로 알려져 있다. 특히 소상공인 지원금은 대부분 대출이다. **이 책에서는 출연금에 대해서만 다루고 창업지원 대출은 다루지 않는다.** 창업지원 대출 정보는 이런 책보다 해당 기관(소상공인시장진흥공단, 중소벤처기업진흥공단, 기술보증기금, 신용보증기금 등)에 직접 찾아가 상담을 통해서 알아보는 것이 정확하다.

우리는 갚지 않아도 되는 창업지원금을 받아야 한다. 그런데 어떤 종류의 창업은 아예 창업지원금을 받지 못하기도 한다. 일반적으로 우리가 이해하는 창업은 식당, 편의점, 노래방, 스마트폰 매장, 온라인 쇼핑몰, 네이버 스토어 입점, 식료품 가게, 도소매업 등 자영업 · 소상공인 창업과 지식서비스, 소프트웨어, 기계, 공산품 제조 등 신제품을 개발하는 기술창업으로 구분된다.

자영업·소상공인 창업은 엄격히 말하면 창업이 아니라 개업이다. 개업은 말 그대로 가게를 오픈하는 것이다. 개업은 기술개발 요소가 없다. 창업자금만 있으면 누구나 특별한 기술 없이 알려진 방식에 따라 사업을 시작할 수 있다. 이런 **자영업·소상공인 개업은 창업지원금을 거의 받을 수 없다.** 자영업·소상공인 창업으로 자금이 필요할 때는 창업지원 대출을 알아봐야 한다. **창업지원금을 받을 수 있는 창업은 기술창업이다.** 기술창업은 아이디어와 기술을 기반으로 새롭고 가치 있는 사업 거리를 만들어 내는 것이다.

어떤 창업자는 '나는 창업지원금 없어도 돼.', '투자 받으면 되지.', '매출 빨리 만들어서 이익내면 되잖아.', '시간도 없는데 뭘 이런 걸 신청하냐?', '한번 해 봤는데 힘들기만 하고 합격도 안 시켜 주더라.'라고 하면서 창업지원금에 관심 없는 투로 말하는데, 관심이 없는 것이 아니라 실력이 없어서 그러는 것으로 보인다. 창업자는 이윤을 창출하기 위해 사업을 한다. 그런데 갚지 않아도 되는 창업지원금을 10억이나 준다고 하는데 신청 과정이 귀찮다고 포기하나? 순이익 10억을 벌려면 제조업에서는 최소한 50억 이상 매출을 내야 한다. 그런데 창업지원금 신청 자체를 포기하는 창업자를 사업가라 할 수 있을까? 창업 초기에 세웠던 목표만 달성하면 대부분 창업지원금을 받을 수 있는데 왜 신청을 포기하나? 돈 많은 자선사업가가 아닌 이상 스스로 창업지원금을 포기하는 것은 잘못된 생각이다. 창업지원금을 못 받으면 못 받는 것이지 포기하는 것은 아니다.

• 아이디어로 개발만 하면 1억만 받는다

매년 정부에서는 100여 개의 창업지원사업에 약 1조 5,000억을 집행하는데 그중 1조 2,000억 이상이 중소벤처기업부를 통해 집행된다. 중소벤처기업의 주요 창업지원사업은 예비창업패키지, 청년창업사관학교, 초기창업패키지, 재도전성공패키지 등의 창업패키지사업과 7년 미만의 중소기업을 지원하는 창업성장기술개발사업이 있다. 창업패키지사업은 최대 1억 원을 지원하고 창업성장기술개발사업은 많게는 4~5억 원을 지원한다.

창업패키지사업으로 예비창업자는 예비창업패키지, 기창업자는 청년창업사관학교, 초기창업패키지, 재창업자는 재도전성공패키지를 통해 지원받을 수 있다. 연간 최소 5,000명 이상이 창업패키지사업을 통해 창업지원금을 받는다.

그런데 창업지원금을 받은 대부분의 창업자는 제품을 개발하고 테스트만 하는 수준에서 끝난다. 쉽게 말해 그쯤에서 망한다. 창업지원금을 받고 10개월 뒤에 시제품 개발 결과 보고하지만 90% 이상의 창업자는 매출도 없고 망하는 중이다. 직원은 모두 퇴사했고 창업자는 다른 일로 생활비를 벌며 폐업을 준비를 한다. **결국 실험실 수준의 개발과 테스트로 창업지원금만 쓰고 망하는 것이다. 개발 결과보고는**

평가지표가 있어 통과할 수 있지만 실제 돈을 버는 사업은 평가지표로 되는 일이 아니다. 사업을 계속하려면 사업성을 증명해야 하는데 사실 10개월간의 개발비로는 제품을 완벽하게 개발하는 것도 어렵다.

· 사업계획의 기본적 목표를 달성하면 10억 이상도 받는다

창원지원금을 10억 이상 받는 창업자들은 공통적인 특징이 있다. 최초 1억의 창업지원금으로 아이디어 개발 테스트에 그치지 않고 처음 목표했던 수준의 사업화를 추진하여 성과를 만들고 매출을 발생시킨다. 1차 목표를 달성한 후 추가 개발을 진행하여 고용을 창출하고 유지한다.

목표를 달성한 창업자는 초기창업패키지, 청년창업사관학교 등 추가적인 창업패키지사업에 비교적 쉽게 합격한다. 창업 2년 차에는 2~3억 정도의 창업지원금을 추가로 받는다. 계속해서 사업을 추진하고 또 1년 후에 최대 3억을 지원해 주는 창업도약패키지와 4~5억을 지원하는 창업성장기술개발사업에 합격한다. 결과적으로 3년간 약 10억 이상의 창업지원금을 받는다.

우리나라 창업지원사업은 제대로 사업하는 창업자에게는 3년간 10억 이상의 창업지원금을 받을 수 있도록 단계적으로 설계돼 있다. 창업을 하고 매출을 발생시키고 추가 개발하고 고용을 창출하면 충분히 창업지원금 10억 이상을 받을 수 있다. 매출, 개발, 고용은 창업을 했다면 진행되는 일이고 목표다. 크게 성공한 것이 아니라 아주 당연한 것이다. **대단한 성과를 이룬 창업자들만 10억을 받는 게 아니라 처음 창업할 때 세웠던 기본적인 목표만 달성해도 창업지원금 10억 이상을 받을 수 있는 것이다.** 그만큼 창업으로 생존하는 것 자체가 쉬운 일이 아니다. 안타깝게도 대부분의 창업자는 기본적인 목표도 달성 못하고 망한다.

① 창업지원금 10억 이상 받는 창업자의 특징 4가지

창업지원금 10억 이상 받는 창업자는 4가지 특징이 있다. **첫째, 사업성이 큰 아이디어로 창업한다.** 누구나 생각하기 쉬운 것이지만 최초로 시작하고, 돈을 많이 벌 수 있는 파급력이 느껴지는 좋은 아이디어로 창업한다. 좋은 아이디어에 대한 설명은 제3장에서 부연하겠다.

둘째, 매출 실현이나 제휴 등으로 사업화 가능성을 보여 준다. 결국 사업목표의 달성은 매출인데 초기기업의 경우 매출이 없는 경우도 많다. 매출은 없더라도 사업화의 성공가능성을 보여 주면 된다. 큰 기업과의 제휴 등이 그런 가능성을 보여 줄 수 있다. 또는 투자를 받으면 가능성이 있는 것이다. 제품 완성에는 시간이 걸리지만 시제품으로도 제휴와 투자는 가능하다. 10억 이상을 받을 수 있는 창업자는 유의미한 매출이 발생하지 않더라도 제휴, 투자 등을 통해 사업화 기반을 마련했다는 성과를 보여 준다.

셋째, 기술개발 목표를 달성하고 지식재산권을 확보한다. 기술개발의 목표를 달성했음을 증명하는 것이 시제품이나 제휴도 있지만 특허, 프로그램 등 지식재산권도 있다. 1차 개발 목표를 달성한 창업자는 추가 개발을 계획한다. 이런 추가 아이디어가 2차, 3차 창업지원금을 신청할 때 새로운 아이템이 되는 것이다.

마지막으로, 신규 고용창출을 하고 유지한다. 창업초기에는 돈이 없으니 혼자 하거나 최소 인력으로 기업을 운영하지만 사업이 활성화되면 충원을 한다. 창업지원금을 받으면 보통 1~2명을 충원한다. 10개월 후 창업지원금이 바닥난 상태에서 사업이 안 되면 결국 직원들이 퇴사하고 창업자 혼자 남게 된다. 10억 이상 받을 준비가 된 창업자는 증자를 하거나 창업자금을 대출받아 고용을 유지하고 오히려 인력을 충원한다. 그만큼 창업자 본인의 아이디어와 기술을 믿고 사업화 가능성에 투자하여 아이디어의 가치를 증명하려고 한다. 이런 창업자가 10억 이상 받을 준비가 된 창업자다.

② 기관투자를 받으면, 10억 이상 받을 수 있는 창업자

창업자 중에 액셀러레이터, 엔젤투자사 등 창업투자기관에서 5,000만에서 1억 정도 투자를 받는 창업자도 있다. 개인투자자가 아닌 전문투자회사에서 투자를 받은 창업자는 최소 1개 이상의 창업지원사업에는 합격할 수 있고 창업지원금 10억 이상 받을 가능성도 매우 높다. 창업지원금 10억을 받는 것보다 투자기관에서 1억을 투자받는 것이 훨씬 어렵다. 창업지원사업에서는 평가위원이 1~2시간 정도 사업계획서를 검토하고 지원을 결정하지만 투자자는 다양한 의사결정 과정을 거치면서 오랫동안 심사하여 투자를 결정한다. 섬세한 검토가 이뤄졌을 것이고 그만큼 가치 판단도 더 정확할 것이다. 하지만 창업지원사업은 약간 다르다. 새로운 기술개발을 통한 기회확보, 해외진출, 고용창출과 같은 사회적 가치와 도전의식을 높이 사서 창업지원금을 주기도 한다. 투자기관으로부터 투자를 받은 창업자는 성공가능성을 1차로 검증받아 공신력을 확보한 것이다. 따라서 창업지원사업에 합격할 확률이 더 높다. 만약 투자기관으로부터 투자를 받았다면 반드시 창업지원사업을 통해 창업지원금을 추가로 받아야 한다.

창업지원금을
받기 위한 준비

(1)
창업지원금 받는 순서와 유리한 조건

· 창업지원금 여러 번 받는 순서

100여 가지 창업지원사업 중 중소기업이면 별다른 제약 없이 누구나 신청이 가능하고 지원금액도 가장 많은 중소벤처기업부의 창업지원사업(예비창업패키지, 초기창업패키지, 재도전성공패키지, 청년창업사관학교, 창업도약패키지)과 개발지원사업(창업성장기술개발사업 중 디딤돌창업과제, 전략형창업과제)[2]으로 창업지원금 10억을 받는 순서는 다음과 같다.

① 0년 차–예비창업패키지 1억

② 1년 차–청년창업사관학교, 초기창업패키지, 재도전성공패키지 1억

③ 2년 차–창업성장기술개발사업 디딤돌창업과제 1.5억

④ 3년 차–창업성장기술개발사업 전략형창업과제 4억

⑤ 3년 차–창업도약패키지 3억

창업상태에 따라 예비창업자, 재창업자, 기창업자의 자격으로 신청하는 사업은 다를 수 있지만 위 5가지 사업으로 3년간 최대 10.5억을 받을

---

2   창업지원사업의 종류와 상세내용은 K스타트업(www.k-startup.go.kr)에서 확인할 수 있고 창업성장기술개발사업 등 중소벤처기업부 개발지원사업은 smtech(www.smtech.go.kr)에서 확인할 수 있다.

수 있다. 중소벤처기업부의 창업지원사업만을 대상으로 한 것이며 과학
기술정보통신부, 산업통상자원부 등 15개 다른 부처와 지자체의 창업지
원사업까지 합치면 창업 3년 동안 10억이 훌쩍 넘는 창업지원금도 받을
수 있다.

· 창업상태와 창업기간에 따른 신청계획

창업자의 상태와 창업기간별로 신청할 수 있는 창업지원사업이 조금
씩 다르다. 예비창업자, 기창업자에 따라 다르고 재창업 여부에 따라서
도 다르다. 또 창업 후 3년 이상인지 아닌지에 따라 신청할 수 있는 창업
지원사업이 다르기 때문에 창업자의 상태에 따라 최대한 많은 창업지원
금을 받을 수 있도록 신청계획을 세워야 한다.

상태 \ 기간	사업 구분	창업 전~1년	1~2년	2~3년	3~7년
예비창업자	창업	예비창업패키지 청년창업사관학교	청년창업사관학교 초기창업패키지		창업도약패키지
	개발	-	디딤돌창업과제, 전략형창업과제 등 기술개발과제		
예비 재창업자	창업	예비창업패키지 재도전성공패키지 청년창업사관학교	재도전성공패키지, 초기창업패키지 청년창업사관학교		창업도약패키지
	개발	-	디딤돌창업과제, 전략형창업과제 등 기술개발과제		

3년 미만 재창업자	창업	재도전성공패키지, 초기창업패키지, 청년창업사관학교	창업도약패키지
	개발	디딤돌창업과제, 전략형창업과제 등 기술개발과제	
3년 미만 창업자	창업	초기창업패키지, 청년창업사관학교	창업도약패키지
	개발	디딤돌창업과제, 전략형창업과제 등 기술개발과제	
3~7년 창업자	창업	-	창업도약패키지
	개발	-	기술개발과제 등

[창업상태와 기간에 따라 신청할 수 있는 창업지원사업]

예비창업패키지는 예비창업자만 신청할 수 있다. **사업자등록을 내기 전에 예비창업패키지부터 합격하는 것이 창업의 기본이다.** 이후 초기창업패키지, 재도전성공패키지, 청년창업사관학교 3가지 사업은 서로 중복되는 사업으로 하나만 합격할 수 있다. 예비창업자는 청년창업사관학교와 재도전성공패키지에도 신청할 수 있는데 만약 합격하면 곧바로 사업자등록을 해야 하기 때문에 앞으로 그 이후 예비창업패키지는 신청할 수 없다. 개발지원사업인 디딤돌창업과제와 전략형창업과제는 7년 미만의 창업기업이면 신청할 수 있고 창업도약패키지는 창업 후 3년 이상이면 신청할 수 있다.

ㆍ창업지원사업과 개발지원사업에 중복으로 합격 가능

창업지원사업은 명목상 창업을 지원한다고 하지만 실상은 개발 아이템이 있어야만 합격할 수 있다. 개발지원사업은 당연히 개발 아이템이 있어야 지원을 받을 수 있다. **아이템이 동일해도 창업지원사업과**

개발지원사업에 동시에 합격해 지원받을 수 있다. 명목상 창업지원사업은 사업화지원이고 개발지원사업은 개발지원이기 때문이다.

보통은 창업패키지사업에 합격 후, 개발지원사업을 신청하는데 그 반대의 경우도 가능하다. 창업패키지사업을 수행하면서 개발지원사업을 같이 병행할 수 있고 창업패키지사업 수행을 완료하고 추가로 개발지원사업을 수행하는 것도 가능하다. 창업아이템 하나로 예비창업패키지에 합격한 창업자는 개발지원사업인 디딤돌창업과제나 전략형창업과제에도 중복으로 합격할 수 있는 것이다.

구분	대표적인 사업	전담관리 사이트
창업패키지사업	예비창업패키지, 초기창업패키지, 재도전성공패키지, 청년창업사관학교 등	K스타트업 (www.k-startup.go.kr)
개발지원사업	창업성장기술개발사업 디딤돌창업과제, 전략형창업과제, TIPS과제 등 기술개발과제	smtech (www.smtech.go.kr)

[창업지원사업 구분]

예비창업패키지에 합격한 창업자는 디딤돌창업과제에 바로 신청을 해야 하는데 미리 겁먹고 포기하는 경우가 있다. 사업계획서 양식이 예비창업패키지와 많이 다르고 분량도 훨씬 많고, 왠지 기술도 매우 뛰어나야 할 것 같고, 직원도 5명 이상 되고 매출도 있고 업력도 있는 기업만 합격할 수 있다고 생각할 것이다. 당연히 그런 기업이 예비창업패키지에 합격한 초보 창업자보다 훨씬 유리하다. 그래서 기술개발사업에 합격할 준비가 필요하다. 예비창업패키지에 합격한 것도 유리한 조건이 된다. 준비시간은 예비창업패키지를 수행하는 10개월이면 충분하다. 창업자는 창업아이템 하나로 두 사업에서 모두 창업지원금을 받을 수 있도록 항상 준비하고 도전해야 한다.

· 창업지원금 받기 가장 유리한 창업자의 조건

폐업 경험이 있는 만 39세 미만의 엔지니어로, 4차 산업분야 아이템으로 창업하는 사람이 창업지원금 받기 가장 유리하다. 위에서 언급한 창업상태와 창업기간에 따라 신청할 수 있는 창업패키지사업이 가장 많은 것이 예비재창업자이다. 예비창업패키지와 재도전성공패키지에 모두 신청할 수 있는 자격이 된다. 폐업 경험이 없는 예비창업자는 재도전성공패키지에는 신청할 수 없다. 또 창업패키지사업은 만 39세 미만의 청년창업자만 지원하는 사업이 많고 이공계 창업자는 청년창업사관학교에 합격에 유리하다. 아이템은 4차 산업분야 아이템이 유리하다. 예비창업패키지의 경우 1차, 2차 모집이 있는데 1차는 일반분야 모집이고 2차는 특화분야 모집으로 4차 산업분야만을 모집한다. 따라서 4차 산업분야 아이템은 1차, 2차 모두 신청이 가능하다.

· 쓸데없는 사업자를 폐업하면 가장 유리한 예비재창업자

이런 것을 알지 못한 채 이미 창업이나 개업한 사람도 많다. 특히 온라인 쇼핑몰에 물건을 판매하기 위해 또는 프리랜서로 사업자등록을 낸 경우가 많은데 그 사업으로 매출이 꾸준히 많으면 상관없지만 만약 매출이 거의 없는 상태라면 그 사업자를 폐업하는 것이 낫다. 쓸데없는 사업자등록을 갖고 있는 창업자가 예비창업패키지 사업공고가 나온 후 폐업을 하고 예비창업패키지를 신청하려고 하면 신청자격이 안 된다. 그런 신청자격은 사업공고일을 기준으로 판단하기 때문에 예비창업패키지 사업공고가 난 후 폐업해도 신청자격은 없는 것이다. 그러니 **쓸데없는 사업자등록을 가지고 있다면 빨리 폐업하는 것이 좋다. 폐업하는 순간부터 창업지원사업에서 가장 유리한 예비재창업자가 되는 것이다.** 참고로, 임대사업자도 사업자등록이 있는 것이라서 예비창업패키지 신청자격이 없다.

· 그 밖에 유리한 창업자

여성 창업자가 남성 창업자보다 유리하다. 여성창업경진대회는 있어도 남성창업경진대회는 없다. 디딤돌창업과제 세부과제로 여성참여과제는 있어도 남성참여과제는 없다. 창업지원센터도 여성창업지원센터는 있어도 남성창업지원센터는 없다. 그만큼 창업에서는 여성이 훨씬 유리하다. 따라서 여자와 남자가 팀으로 창업을 할 때는 여성이 대표를 하는 게 좋다. 그리고 나이가 어릴수록 좋다. 중앙정부나 지자체에서 지원하는 사업 중 상당수가 만 39세 미만 청년을 위한 지원사업이다. 사회적 취약계층의 경우에도 별도의 창업지원사업이 있어 기회가 많고 신청서 제출 시 가점이 있다. 창업지원사업에 있어서 지방은 수도권에 비하여 경쟁률이 상대적으로 낮다. 창업지원사업을 신청할 때 지방에 있는 주관기관을 선택하면 수도권보다 유리하다.

창업지원금을 잘 받으려면 이러한 조건을 미리 알고 준비하는 것이 좋
다. 안 되는 조건을 억지로 갖출 수는 없지만 유리한 조건을 갖출 수 있
음에도 그런 내용을 몰라서 못하면 손해를 보는 것이다.

매년 창업지원사업의 신청자격이나 조건이 조금씩 변경이 되니 당해
1월에 공지된 정부 창업지원사업 통합공고를 먼저 확인하고 준비해야
한다. 또 세부지원사업이 공고될 때마다 해당 공고문에서 자격조건을
다시 확인해라.

(2)
정부지원 사업계획서의 4단계 전개 방식

・창업 사업계획서와 기술개발 사업계획서

창업지원금 10억 이상 받기 위한 계획을 수립하고 그에 따라 창업자의 적합한 조건까지 갖췄다면 신청을 해야 한다. 핵심은 사업계획서다. 기업에서 쓰는 사업계획서 양식은 기업에서 알아서 정하면 되는데 정부지원 사업계획서는 많은 신청자를 객관적으로 평가하기 위해 정해진 양식을 쓴다. 그 양식은 크게 창업 사업계획서와 기술개발 사업계획서로 구분된다. 대표적인 창업 사업계획서는 예비창업패키지 사업계획서 양식이고 기술개발 사업계획서는 중소기업기술개발 사업계획서 양식이다. 예비창업패키지 사업계획서 양식은 K스타트업(www.k-startup.go.kr)에서 다운로드 할 수 있고 중소기업기술개발 사업계획서 양식은 smtech(www.smtech.go.kr)에서 창업성장기술개발사업 '디딤돌창업과제' 공고에서 다운로드 할 수 있다. 창업지원금을 받고자 한다면 이 두 가지 사업계획서 양식부터 확인해야 한다. 사업계획서 작성법은 제4장에서 상세하게 다룬다.

창업 사업계획서는 5페이지로 작성하게 되어 있고 기술개발 사업계획서는 15페이지 내외로 작성해야 한다. 아무래도 기술개발 사업계획서가

지원금액도 많고 사업기간도 길고 성능지표, 매출목표, 사업화계획, 고용창출 등 추가로 요구하는 사항이 많아 분량도 많다. 창업자가 기술개발 사업계획서를 먼저 작성했다면 창업 사업계획서는 쉽게 작성할 수 있다. 기술개발 사업계획서가 창업 사업계획서에서 요구하는 대부분의 내용을 포함하고 있기 때문이다. 다만 예비창업자가 처음부터 기술개발 사업계획서를 쓰는 것이 쉽지 않기 때문에 자신의 조건과 상황에 맞게 사업계획서를 선택하여 미리 작성하면 된다.

• 정부지원 사업계획서 4단계 전개 방식

사업계획서 양식을 처음 접하는 창업자는 사업계획서 작성 내용이 이해가 안 되고 어디서부터 어떤 식으로 써야 할지 모르는 것이 당연하다. 어떤 사업계획서든 사업계획서의 기본 전개 방식을 이해하면 작성에 도움이 된다. 사업계획서의 기본 전개 방식은 배경 및 문제점, 해결방안 및 아이템 개요, 차별성 및 독창성, 시장 및 매출 4단계로 구성되는데 이 전개 방식에 따라 사업계획서를 작성하면 초보자도 쉽게 사업계획서를 완성할 수 있다.

① 현재 어떤 배경으로 무슨 문제가 있다.(배경 및 문제점)
② 그 문제를 해결하는 방법이 있다.(해결방안 및 아이템 개요)
③ 이런 차별성과 독창성이 있는 기술과 기능으로 새로운 제품을 만들면 해결이 가능하다.(솔루션의 차별성 및 독창성)
④ 개발된 제품이나 서비스를 판매하고 이익을 많이 남길 수 있다.(시

장 및 매출)

사업계획서를 통해서 알고 싶은 것은 위 4가지 내용이다. 사업계획서를 작성할 때는 무턱대고 양식에 따라 쓰지 말고 자신의 아이디어를 4단계 전개 방식에 맞게 요약하여 정리한 후에 작성하면 훨씬 자연스러운 사업계획서를 쓸 수 있다. 창업 사업계획서와 기술개발 사업계획서의 목차에서도 4단계 전개 방식에 있는 내용을 그대로 요구한다.

4단계 전개 방식	창업 사업계획서 목차	기술개발 사업계획서 목차
배경 및 문제점	1. 문제인식	1. 기술개발 개요 및 필요성
해결방안 및 아이템 개요	2. 실현가능성	2. 기술개발의 독창성 및 차별성 4. 기술개발 최종목표
독창성 및 차별성	2. 실현가능성	2. 기술개발의 독창성 및 차별성
시장 및 매출	3. 성장전략	5. 사업화목표, 사업화계획
기타	4. 팀 구성 및 첨부	3. 기술개발 준비현황 6. 고용유지 및 고용창출 계획

[기존 사업계획서 목차에 포함되는 4단계 전개 방식]

· 사업계획서 작성을 위한 자료수집

4단계 전개 방식을 기본으로 하여 양식에 따라 필요한 내용을 정리하고 세부설명이나 근거를 추가하여 사업계획서를 작성하면 된다. 세부설명이나 근거자료를 추가하기 위해서 자료수집을 해야 한다. 가장 쉬운 방법은 웹 서핑이다. 인터넷 검색으로 창업자가 원하는 모든 내용의 기사를 찾을 수 있다. 그중에서도 통계자료 등 수치가 나오는 자료가 매우 유용하다. 그 다음으로 유용한 것이 정부부처와 연구기관의 연구보고서나 기술동향자료다. 증권회사의 시장분석자료도 좋다.

창업자가 직접 테스트한 결과나 연구노트도 매우 좋은 자료가 된다. 창업자의 아이디어가 최초이기 때문에 관련 자료를 쉽게 찾을 수 없는 경우가 많다. 그럴 때는 주관적이라도 해도 창업자가 테스트한 내용을 활용할 수 있다. 또 창업자가 전문가나 시장 관계자와 직접 인터뷰를 한 내용도 활용할 수 있다. 언제 누구와 어떤 인터뷰를 통해서 자료를 확보했는지 밝히기만 하면 좋은 자료가 된다. **창업자는 자신의 아이디어를 객관적으로 증명할 수 있는 근거 자료를 수시로 수집하여 사업계획서를 작성할 때 활용해야 한다.**

· 1단계: 배경 및 문제점

사업계획서상에서 아이디어를 개발하게 된 배경, 문제점, 필요성, 기회 포착, 개발 동기는 모두 동일한 의미다. 따라서 각 항목을 따로 설명할 필요는 없다. 문제점을 설명할 때는 다음과 같은 기준으로 요약하면 된다.

① 배경이나 문제점 3~4가지를 개조식[3]으로 나열
② 배경이나 문제의 정도는 최대한 수치로 표현
③ 포괄적인 내용보다는 최대한 구체적인 내용을 표현

---

3 글을 쓸 때에 글 앞에 번호를 붙여 가며 중요한 요점이나 단어를 나열하는 방식.

④ 보도자료, 연구보고서, 테스트결과, 전문가 언급 등을 근거로 제시
⑤ 보편적 문제라면 핵심내용만 간단히 언급(해결방안이 더 중요)
⑥ 전문적인 문제라면 일반사람이 이해할 수 있는 수준으로 쉽게 표현

문제점을 설명할 때 서술형으로 길게 쓰면 평가위원이 핵심 내용을 이해하기 어려우니 되도록 글 앞에 번호를 붙여 항목을 나열하고 중요한 요점이나 단어를 나열하는 개조식 방식으로 쓰는 것이 좋다.

현재의 문제가 누구나 다 아는 문제인 경우에는 굳이 수치로 그 정도를 설명하지 않아도 된다. 예들 들어, 보이스피싱이나 쓰레기배출과 같은 문제를 언급하고자 한다면 정확한 수치가 없더라도 쉽게 이해할 수 있다. 다만 세부적 문제에 대해서 논의하고 할 때는 수치로 표현해서 문제의 심각성을 표현하는 것이 좋다. 예를 들어, 60대 이상의 50%인 250만 명이 1년에 1회 보이스피싱을 경험한 적이 있다든지 일반가구의 10%인 200만 가구는 쓰레기를 아무 때나 버릴 수 없어 불편하다든지 등으로 수치를 사용하여 연구결과를 표현하면 문제가 더 심각해 보이고 창업자도 전문적으로 보인다.

문제를 말할 때는 근거를 제시하는 것이 좋다. 창업자와 관계된 유사분야 사람들은 문제의 출처를 밝히지 않더라도 이해할 수 있지만 이런 문제를 처음 접하는 평가위원은 창업자의 일방적인 주장보다는 객관적인 자료에 더 의존한다. 따라서 창업자는 문제에 대한 근거를 제시해야 한다. 그것이 앞서 수집한 보도자료, 연구보고서, 테스트결과, 전문가 인터뷰 등이다. 블로그나 유튜브 콘텐츠도 그 근거로 활용할 수 있다.

내가 경험한 대부분의 창업자는 이 작업을 소홀히 했다. 개발하고자 하는 아이템에 대한 필요성을 주장해야 하는데 논리적 근거가 없으니, 창업자의 감(感)인 것처럼 느껴지는 경우가 많았다. **창업지원금을 받고자 한다면 감(感)보다는 창업자의 주장을 뒷받침하는 객관적 근거가 더 필요하다.**

앞서 말한 것처럼 누구나 알고 있는 일반적인 문제인 경우에는 문제의 핵심만 간단히 설명하고 해결방안에 더 중점을 두는 것이 좋다. 만약 학교폭력 문제를 예방하는 솔루션을 개발한다고 하면 학교폭력 문제 중에서 어떤 문제에 초점을 맞췄고 어떻게 학교폭력 문제를 예방할 수 있을지 그 해결방법에만 초점을 두면 된다. 예를 들면 학교폭력 문제가 SNS나 문자메시지를 통해서 이뤄지는 경우가 많다. 자녀가 수신한 SNS나 문자메시지에서 자녀를 가해하는 것으로 의심이 되는 메시지가 발견되면 학부모에게 경고메시지가 전달되는 솔루션은 구체적인 구현방법이나 AI기능으로 학교폭력 의심문자를 걸러 내는 DB구성 등에 대해서만 설명하면 되는 것이다. 굳이 학교폭력이 얼마나 많이 일어나는지 등의 배경 설명은 하지 않아도 된다. 학교폭력이 문제라는 것을 모르는 사람은 없기 때문이다.

그런데 솔루션은 창업자만의 전문분야이면서 독창적이고 차별화된 것이라서 설명을 해도 이해하기 어려운 경우가 많다. 이해하기 어려우면 평가하기도 어려워 좋은 평가를 받기 어렵다. 전문적인 문제도 일반 사람들이 이해하기 쉽게 설명을 해야 한다. 이때는 그림을 넣어 설명하면 이해가 더 쉬워진다. 설명이 조금 길어지더라도 반드시 평가위원을 이해시키겠다는 생각으로 사업계획서를 최대한 쉽게 작성하는 것이 중요하다.

• 2단계: 해결방안 및 아이템 개요

문제점 제시 후 해결방안을 설명한다. 그 해결방안의 구체적인 솔루션이 바로 창업아이템이다. 문제의 해결방안이 거시적, 포괄적인 설명이라면 창업아이템은 문제를 해결하는 구체적인 솔루션인 것이다.

문제점 및 배경	해결방안	솔루션 (아이템)
① 초등학교 학교폭력문제의 심각성	초등학생 때부터 학교폭력의 문제점을 확실히 인지	학교폭력 의심문자 감지 앱
② 극단적 선택을 하는 경우 스마트폰이 중요한 단서	보호자가 학교폭력 의심 정황을 미리 판단할 수 있으면 해결	
③ 자녀 스마트폰 SNS나 문자를 통한 사이버불링의 만연	자녀의 SNS나 문자에서 학교폭력 의심문자 확인 시 보호자에게 경고	

[문제점의 해결방안을 제시하는 방식]

해결방안 및 아이템 개요는 위와 같은 표를 만들어 문제점, 해결방안 그리고 솔루션을 제시하면 아주 깔끔한 설명이 된다. 위 표를 예로 들자면 다음과 같다.

요즘은 학교와 지역사회에서 학교폭력예방교육이 활성화돼 큰 이슈가 없지만 수년 전만 해도 학교폭력으로 극단적 선택을 하는 아이들이 있어 사회적으로 큰 파장을 일으켰다. 학교폭력은 지금도 그렇지만 그때는 매우 심각한 사회문제였다. 피해학생의 스마트폰 문자에서 가해사실이 밝혀지곤 했는데 학부모는 그런 내용을 미리 알지 못했다. 만약 자녀의 학교폭력 의심문자를 감지하여 보호자에게 미리 알려 줄 수 있는 서비스가 있다면 학교폭력의 극단적 피해를 방지할 수 있었을 것이다. 이 솔루션이 학교폭력 의심문자 감지 앱이다. 이 앱은 2014년 출시되어 지금도 많은 보호자가 이용하고 있다.

문제점과 해결방안을 위와 같이 언급하고 나면 아이템 개요를 아래와 같은 형태로 그림과 함께 설명하는 것이 가장 좋다. 평가위원이 문제점과 해결방안을 어느 정도 이해한 상태에서 다시 아이템 개요를 그림과 함께 보게 되면 창업자가 하려고 하는 것을 쉽게 이해할 수 있다. 여기서 평가위원이 창업자의 아이템을 긍정적으로 생각하면 합격하는 것이고 부정적으로 생각하면 합격하기 어려운 것이다.

아이템 명

아이템에 대한 그림 설명

(개발하고자 하는 시스템, 제품, 서비스구성 등 이해하기 쉬운 그림,
현재 상태와 개발 후를 비교한 그림도 상관없음)

아이템 개요를 3~4줄로 설명

[아이템 개요를 표현하는 가장 심플한 형식]

아이템 개요 문구는 아이템의 필요성과 핵심 차별성과 독창성을 확실히 어필하면서 누구나 쉽게 이해할 수 있도록 최대한 간단하게 설명을

할 수 있어야 한다. 많은 창업자들이 자기가 쓴 사업계획서를 보고 아이템을 짧게 설명하지 못했다. 내가 그 아이템 개요를 읽어 봐도 이해가 안 됐다. 아이템 개요만 설명하면 되는데 시장현황 및 분석 등 사업화에 대한 내용까지 복잡하게 설명하는 경우가 많았다. 시장현황 및 분석내용은 나중에 설명하는 부분이 따로 있어 그때 상세하게 하면 되는 것이다. 아이템 개요가 결국 개발하고자 하는 핵심 솔루션에 대한 정의인데 그것을 제대로 작성하지 못하니 사업계획서를 잘 쓸 리 없다. **그런 창업자들도 나와 2~3시간 정도 미팅을 하면 아이템 개요를 만들어 낼 수 있다. 그 이유는 아이템 개요를 도출할 때 활용하는 4가지 구성 방법이 있기 때문이다.** 창업자도 이 4가지 구성에 따라 설명하면 본인이 직접 아이템 개요를 만들어 낼 수 있다. 그리고 아이템 개요를 줄이면 과제명이 된다. 과제명도 고민을 많이 해서 만들어야 하는데 그 시작이 바로 아이템 개요를 정의하는 것이다. 아이템 개요를 3~4줄로 작성할 때는 다음과 같이 4가지 구성으로 만들면 된다.

① 줄: 어떤 문제를 해결하기 위해, 누구를 위해
② 줄: 무슨 기술을 활용하여, 무슨 기술을 기반으로 어떤 형태의
③ 줄: 무슨 차별적 기능이 있는, 어떤 독창성이 있는
④ 줄: 국내최초(세계최초)의 제품(서비스, 시스템, 플랫폼, 장치 등)

이 4가지 구성을 기준으로 활용하되 굳이 설명이 필요 없는 항목은 빼고, 더 추가하고 싶은 것은 덧붙이면 되고, 각자의 개성과 문구의 자연스러움에 따라 변경하면 된다.

이 구성을 풀어 설명하면 ① 줄은 문제점 및 배경 부분에서 정의한다. ② 줄은 개발에 핵심이 되는 기술분야에 대한 언급이라고 이해하면 되겠다. AI 기술, 빅데이터, O2O, 비대면 등 최신 기술의 트렌드를 반영하기도 한다. ③ **줄이 가장 중요한데, 솔루션의 가장 중요하고 차별화된 기능과 성능을 제시한다. 주로 국내최초나 세계최초의 기능이나 성능이 여기에서 나타난다.** ④ 줄은 우리가 개발하는 상품의 범주다. 주로 '~제품, ~서비스, ~플랫폼, ~시스템, ~기계, ~장치' 등으로 작성할 수 있다.

4가지 구성에서 ① 줄, ② 줄, ④ 줄은 어렵지 않게 작성할 수 있다. 핵심은 ③ 줄인데 창업자가 만들고자 하는 제품의 핵심 기능이나 성능이 들어간다. 그것을 개발하는 것이 창업의 1차 목표이고 정부지원 사업계획서에서는 핵심 목표인 것이다. 다음은 아이템 개요 구성 방법에 따라 작성한 사례다.

'학교폭력의심문자 감지 앱'의 아이템 개요 설명 사례
① 줄: 보호자가 자녀의 학교폭력의심 정황을 미리 확인할 수 있도록
② 줄: 국립국어원에서 발췌한 500개 이상 학교폭력 단어를 기반으로
③ 줄: 자녀가 수신한 SNS메시지와 문자메시지 등을 실시간 분석하여
④ 줄: 국내최초, 학교폭력 의심문자가 감지되면 보호자에게 즉시 알려 주는 앱

'이어폰연결음 솔루션'의 아이템 개요 설명 사례
① 줄: 이어폰 연결 순간의 유휴 시간을 매체로 활용하기 위해

② 줄: 하루 평균 1,600만 명이 3번씩 이용하는 이어폰, 스마트폰에서 이어폰을 연결하고 앱을 실행하기 전까지 20초의 대기시간을 활용해

③ 줄: 이어폰 연결신호를 감지하여 10초 내외의 힐링멘트나 음원을 이용자 타겟팅을 통해 자동 송출하는

④ 줄: 세계최초의 이어폰연결음 솔루션

'개인용(가정용) 치매예방 터치북'의 아이템 개요 설명 사례

① 줄: 디지털 기기에 익숙지 않은 고령의 시니어를 위해

② 줄: 별다른 조작 없이 혼자서 치매예방 콘텐츠를 스마트 디스플레이(TV, 스마트폰, 태블릿 등)로 바로 실행시켜 이용할 수 있도록

③ 줄: 치매예방 메뉴가 인쇄된 종이(하드카피 책자)를 손가락 터치만으로 리모컨처럼 활용할 수 있는

④ 줄: 국내최초 개인용(가정용) 치매예방 터치북과 콘텐츠

'부분틀니 제작용 3D 오버프린터 개발'의 아이템 개요 설명 사례

① 줄: 현재 평균 4주 소요되는 틀니제작 기간을 3일로 줄이기 위해

② 줄: 틀니와 같이 이종재질에서 복잡한 구조물도 출력할 수 있도록

③ 줄: 구면좌표계(SCCL)를 기반으로 2개 이상의 DLP프로젝터가 오목한 부분까지 30마이크로미터 이하로 세밀하게 출력하고 빠르게 덧인쇄가 가능한

④ 줄: 세계최초 부분틀니 제작 전용 3D 오버프린터

'유명 유휴 공간 공유 플랫폼'의 아이템 개요 설명 사례

① 줄: 소상공인이 높은 임대료와 낮은 브랜드 파워 때문에 Off-line으

로는 입점할 수 없었던 유명 백화점 및 대형 쇼핑몰의 유휴 공간을

② 줄: 쇼핑몰 기획의도에 따라 공간 활용 스케줄을 수립 · 공유하여

③ 줄: 소상공인을 모집해 저렴한 비용으로 활용할 수 있게 하는

④ 줄: 영세 소상공인을 위한 유명 쇼핑몰 팝업스토어 모바일 O2O 공
간 공유 플랫폼(소상공인을 위한 Storeless 서비스 플랫폼)

앱, 소프트웨어, 콘텐츠, 융복합 제품, 하드웨어, 플랫폼 등 다양한 기
술개발 사례를 들었다. 이 사례를 활용해 각자의 창업아이템 개요를 만
들어 보자. 위 학교폭력 의심문자 감지 앱을 예로 들면 아래와 같을 것
이다.

학교폭력 의심문자 감지 App & 시스템

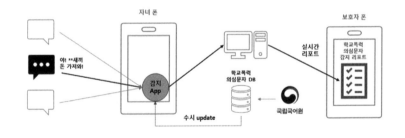

보호자가 자녀의 학교폭력 의심 정황을 미리 확인할 수 있도록
국립국어원에서 발췌한 500개 이상의 학교폭력 단어와 어절을 기반으
로 자녀가 수신한 SNS 메시지와 문자메시지 등을 실시간 분석하여 국내
최초, 학교폭력 의심문자가 감지되면 보호자에게 즉시 알려 주
는 앱

[학교폭력 의심문자 감지 앱 아이템 개요 완성 사례]

아이템 개념도와 개요는 사업계획서에서 가장 중요한 부분이다. 이 부분을 완성했다면 사업계획서의 50%는 작성한 것이나 다름없다.

· 3단계: 차별성 및 독창성

배경 및 문제점을 설명하고, 아이템 개요를 설명했으면 이제 창업자 솔루션의 구체적 성능과 기능, 차별성, 독창성을 설명해야 한다. 창업자의 솔루션은 제품의 이미지, 상품명, 개발 제품이나 서비스의 설계 내용, 서비스 플로우 등으로 설명할 수 있다. 제품이나 서비스명을 언급하고, 가격대, 주요 특징, 이미지 자료를 제시하면 된다.

독창성과 차별성을 구분하여 설명할 필요는 없다. 차별성을 설명할 때는 기술의 차별성을 설명하는 것이 가장 좋은데 기술적인 차별화 요소는 적고 서비스 측면의 차별화가 강조되는 아이템이 더 많다. 이런 아이템은 기존에 있는 기술을 활용할 뿐 새로운 기술을 개발하는 것이 아니기 때문에 기술의 차별성을 설명하는 것이 애매하다. 그럴 때는 서비스의 구현 방법을 구체적으로 설명하면 기술적 차별성으로 활용할 수 있다. 또 일부는 서비스 차별화를 그대로 활용해도 된다.

차별성 및 독창성을 설명하는 방법은 개조식으로 설명하는 방법과 표를 만들어 설명하는 방법이 있다. 표로 설명하는 방법은 기존 아이템과 비교해서 설명하는 방법과 창업아이템만 설명하는 방법이 있다. 차별화 포인트가 많지 않으면 개조식 방법을 이용하고 차별화 포인트가 많으면

제2장 창업지원금을 받기 위한 준비

표를 이용한 방식이 좋다. 타 아이템에 비하여 확실한 우위에 있다면 기존 아이템과 비교하는 것이 좋다.

```
(1) 차별성 및 독창성 1
 1) 세부설명 1
 2) 세부설명 2

(2) 차별성 및 독창성 2
 1) 세부설명 1
 2) 세부설명 2

(3) 차별성 및 독창성 3
 1) 세부설명 1
 2) 세부설명 2
```

[차별화 요소가 적을 때 설명하는 개조식 방법]

아이템의 차별화 포인트가 많이 없다면 위와 같이 개조식으로 두세 가지 차별화 포인트를 찾아내고 세부설명 내용을 상세하게 쓰면 된다. 차별화 포인트를 확실히 각인시킬 수 있는 전개 방식이다.

차별성/독창성	세부내용
차별성 1	
차별성 2	
차별성 3	
차별성 4	
차별성 5	

[설명할 수 있는 차별성이 많을 때 쓰는 방법]

차별화 포인트로 설명할 것이 많고 자랑하고 싶은 것이 많은 경우 위와 같이 차별성, 독창성 표를 만들어 활용할 수 있다.

구분	기존 기술	우리 기술
비교항목 1	안 좋은 것 위주로 짧게	비교적 상세하게
비교항목 2	작은 글씨체	큰 글씨체
비교항목 3	기본폰트, 흐린 색	특수폰트, 진한 색, 볼드체
비교항목 4	단점 위주로 작성	장점만 나열
비교항목 5	강조할 단점은 볼드, 밑줄, 크게	모든 부분 강조(색깔/폰트/크기)

[기존 기술과 비교하여 설명할 때 쓰는 방법]

가장 좋은 방법은 기존 기술과 비교하여 설명하는 것이다. 기존 기술은 단점 위주로 쓰고 우리 기술은 장점만 쓴다. 기존 기술은 짧게 설명하고 우리기술은 상세하게 설명한다. 기존 기술에서 치명적 단점은 볼드체, 밑줄로 강조하되 색깔은 넣지 않는다. 우리 기술은 글씨체를 크게 하거나 색깔을 넣어 더 잘 보이게 한다. 구분에 있는 비교항목과 같은 폰트로 작성해 두 가지를 합쳐 보기 편하게 편집한다.

① 보편적으로 활용 가능한 서비스, 사업적 측면의 차별화 포인트

기술적 차별화 포인트를 찾기 어려울 때는 서비스, 사업적 차별화 포인트를 찾아야 하는데 아래의 항목을 이용하면 된다.

1. 국내최초, 세계최초라는 아이템 그 자체(서비스 측면)
2. 신규시장 창출(사업적 측면)
3. 특허출원 또는 특허등록(기술적 측면)
4. 이용 편의성(기술적 측면)
5. 보편적으로 활용할 수 있는 시장 확장성(서비스 측면)
6. 해외진출 가능성(사업적 측면)
7. 이미 테스트 검증 완료(사업적 측면)

제2장 창업지원금을 받기 위한 준비

8. 명확한 수익모델(사업적 측면)

② 창업아이템에서 기술적 차별화 포인트를 찾아내는 방법

특허는 가장 대표적인 기술적 차별화 포인트이다. **나머지 기술적 차별화 포인트는 서비스를 구현하는 방법에서 찾아낼 수 있다.** 서비스가 작동되는 원리를 설명하거나 제품의 구성, 제품이 만들어 내는 조건, 제품이나 서비스가 생산하는 퍼포먼스, 성능 수준, 기능 등을 설명하면 된다.

학교폭력 의심문자 감지 앱의 경우 그 자체로 신규서비스였고, 특허출원만 된 상태여도 차별화 포인트가 된다. 그리고 특허출원 이외에 위에서 언급한 8가지 차별화 포인트 항목에는 포함될 내용이 없었다.

차별성·독창성	세부내용
국내최초 서비스	모바일 App을 통해 자녀의 학교폭력의심 정황을 감지하는 최초의 서비스
특허출원	휴대폰을 이용한 학교폭력 사전감지 시스템 및 방법
다른 SNS 문자를 '접근성' 기능으로 리딩	스마트폰에 기본 탑재된 문자메시지 이외 타 메신저 App의 메시지를 리딩하기 위해서 스마트폰 '접근성' 기능을 이용하여 다른 메신저 App 이 수신한 문자를 리딩
공신력 있는 학교폭력 의심문자 DB	국립국어원이 5년마다 조사하는 초, 중, 고 학생의 언어사용실태 보고서에서 욕설, 신조어 등 학교폭력과 연관될 수 있는 단어 약 500개 추출
의심문자 감지율 고도화 기능	한 가지 단어로 의심문자를 감지하지 않고, 문장 내 여러 단어의 조합을 통해 학교폭력을 의심하는 문장, 구절을 업데이트하고 신조어를 조사하여 등록

[학교폭력 의심문자 감지 앱 차별화 포인트 사례]

그래서 기술적 차별화 포인트를 찾아야 한다. 차별화될 수 있는 것이

학교폭력 의심문자를 감지하는 플로우다. 핵심 기능은 일반 메신저에서 수신한 텍스트를 다른 앱에서 실시간으로 모니터링 하는 것과 그 내용 중에 학교폭력 의심문자를 찾아내는 것이다. 그 구현 방법을 설명하면 기술적 차별화 포인트가 되는 것이다. 차별화 포인트를 설명할 때 불리한 것은 아예 언급하지 않는 것이 좋다. 이 기술은 아이폰에는 적용되지 않는다. Android OS만 지원되기 때문에 굳이 기술설명에서 스마트폰 OS와 관련된 내용은 언급할 필요가 없는 것이다.

• 4단계: 시장과 매출

사업계획서 전개의 마지막은 돈 버는 방법(비즈니스 모델, 수익모델)을 설명하는 것이다. 향후 3~7년까지 손익을 추정하면 된다. **정부지원 사업계획서에서 시장규모와 매출은 정부지원 사업계획서용 추정 손익계산서를 만들면 된다. 시장에 대한 설명과 비용의 상세 내용이 추가된 추정 손익계산서다.** 전체시장, 유효시장, 목표시장을 나눠 시장규모와 함께 매출을 설명하고, 고용인원 증가와 함께 인건비를 계산하고 나머지 판매관리비를 계산하여 영업이익을 구하는 형태의 표이다.

구분		계수	단위	작년	현재	개발종료	1년 후	2년 후	3년 후
전체시장 (TAM)	1)	기준	명						
	2)	성장률	%						
	3)	2)*10%	%						
유효시장 (SAM)	4)	3)*10%	명						
	5)	4)*1만 원	원						
목표시장 (SOM)	6)	5)*00%	%						
	7)	목표	원						
① 매출		7)*만 원	원						
매출원가	가)		원						
	나)		원						
	원가 소계	가)+나)	원						
② 매출 총이익		매출-원가	원						
인건비	A. 인력 고용	목표	명						
	B. 인건비	상승률	원						
	인건비소계	월평균	원						
인건비 제외 판관비	C. 개발비	사유	원						
	D. 마케팅비	사유	원						
	E. 운영비	사유	원						
	소계	월평균	원						
③ 판매관리비 합계			원						
④ 영업이익		②-③	월						
⑤ 영업이익률		①÷④	%						

※ 산출근거
1) 연구보고서 성장률 자료, 신문 보도자료, 컨설팅 기관 통계 지표 등
2) 설문조사 및 그동안의 통계데이터, 목표치 등

[향후 3~7년간 매출/비용/영업이익 목표, 추정 손익계산서]

이 부분을 작성하기 위해서는 먼저 창업아이템의 시장을 규정하고 전체시장을 조사한 후 유효시장, 목표시장을 추정해야 한다. 이 부분은 다음 장에서 상세하게 설명한다. 목표시장을 정하고 수익모델에 입각해 매출을 계산한다. 매출을 계산할 때는 위 표와 같이 작년, 재작년 자료를 근거로 현재 연도부터 그 다음 연도까지 매출을 추정해야 한다. 작년, 재작년의 데이터에서 성장률을 찾아 곱하는 것이 매출을 추정하는 제일 쉬운 방법이다. 매출을 계산한 후 매출원가를 계산하는데, 매출원가가 있는 비즈니스 모델과 없는 모델이 있다. 소프트웨어 사업자의 경우 매출원가가 발생하지 않는 경우도 있어 그때는 삭제해도 괜찮다. 매출원가를 구성하는 것이 여러 가지라면 해당 내용을 모두 추정하여 산출한다. 그리고 인건비는 연도별로 충원하는 인원을 누적으로 표시하고 평균급여 상승률을 곱하여 추정한다. 사업계획서 마지막에는 고용창출 계획을 제시해야 하는 경우가 많다. 이 표를 만들어 놓으면 그때 고용계획 자료로 쓸 수 있다. 인건비를 제외한 판매관리비 주요항목을 산출하여 비용을 확정하면 연도별 영업이익을 산출할 수 있고 영업이익률도 뽑을 수 있다.

작년, 현재, 개발종료 1년 차까지는 영업손실이 발생 되어도 괜찮지만 2년 차부터는 영업이익이 발생되고 그 이후로 쭉 성장하는 그래프가 되어야 한다. 매출, 비용, 영업이익을 추정하는데 계속 영업손실이 발생하면 이 사업은 어딘가 잘못된 것이다. 영업이익이 너무 많이 나거나 영업이익률이 정률로 증가한다면 그것 또한 어디가 잘못된 것일 수 있다. 영업이익률이 실제 2배 이상씩 증가한다고 해도 사업계획서에서는 좀 더 보수적으로 계산해서 적당히 성장하는 것이 좋다. 그렇게 하는 것이 더 실현가능성이 높아 보이기 때문이다.

[향후 3~7년간 매출/비용/영업이익 목표]를 위와 같은 표로 만들되 반드시 산출근거를 설명해야 한다. 표 아래쪽에 주석형식으로 상세하게 적어야 한다. 과거 현재 전체시장의 근거(보도자료, 통계자료, 직접 경험, 인터뷰)를 제시하고 성장률을 설명한다. 유효시장도 마찬가지다. 목표시장은 유효시장에서 실제 몇 %를 점유할 수 있는지 목표치를 적으면 된다. 그 목표가 산출근거가 되는 것이다. 비용의 나머지 부분도 모두 산출하게 된 근거를 제시하고 연도별로 비용이 몇 %가 증가하는지 그 근거를 제시해야 한다. 이것이 실제 창업아이템의 사업성을 추정하는 과정이기도 하다.

지금까지 사업계획서 4단계 전개 방식에 대해 설명했다. 어떤 사업계획서든지 이 4단계 전개 방식이 핵심 구성이다. 시간이 걸리더라도 이 부분을 확실히 작성하고 나면 사업계획서의 나머지 부분들은 쉽게 작성할 수 있다. 사업계획서에서 요구하는 나머지 분량은 선행연구결과, 개발내용, 팀원 구성 등으로 창업자가 가지고 있는 실적을 정리하는 수준이기 때문에 어렵지 않게 작성할 수 있다.

제3장

아이디어 검증방법 및
시장규모 추정방법

(1)
'좋은' 아이디어, '좋아 보이는' 아이디어

· 정부지원사업에 '좋은' 아이디어

정부지원사업에 좋은 아이디어는 다음과 같다.

1. 정부 주력 지원 분야의 아이디어
2. 사회문제를 해결하는 아이디어
3. 원천기술을 개발하는 아이디어
4. 사회적 약자, 소상공인, 중소기업 등을 지원하는 아이디어
5. 해외진출 가능성이 높은 아이디어
6. 돈을 많이 버는 아이디어

① 정부 주력 지원 분야의 아이디어

최근 기준으로 보면 4차 산업분야 관련 아이디어를 많이 지원한다. AR/VR, AI, 빅데이터, 바이오헬스, 자율주행, 블록체인, 스마트제조, O2O 등 전략품목을 더 많이 지원한다. 여러 가지 환경 요인에 의하여 갑자기 지원하는 분야가 생기기도 한다. 대표적으로 전 세계적인 문제인 코로나19와 관련된 문제는 집중 지원한다. 그와 함께 비대면 서비스도 집중 지원대상이 되었다. 또 일본 수출 규제로 인해 일본 수입 제품을 국산화하겠다는 정책으로 소재, 부품, 장비(소부장)를 개발하는 아이디어에 집중적으로 지원을 한다.

집중 지원한다는 것은 지원사업의 종류가 많아지고 지원 횟수도 늘어나고 기업당 지원금 규모가 커지는 것을 말한다. 지원 금액과 종류, 기회도 많아지기 때문에 정부가 주력하는 분야의 아이디어가 있다면 정부지원사업에 합격하기 훨씬 유리하다.

② 사회문제를 해결하는 아이디어

누구나 다 알고 있는 사회문제를 해결하는 아이디어는 정부지원사업에 좋은 아이디어다. 대표적으로 환경오염, 보이스피싱, 성폭력, 음주운전, 산불, 교통체증, 흡연, 청년실업, 유기견 문제 등 우리 주변에서 흔히 볼 수 있는 문제이다. 이런 문제를 해결하는 아이디어라면 정부지원사업에 유리하다. 앞서 설명한 '학교폭력 의심문자 감지 앱'도 이런 사회적 문제를 해결하는 아이템이다. **이런 종류의 사회문제를 해결하는 아이템은 다른 역량이 다소 부족해도 합격가능성이 상대적으로 높다.**

③ 원천기술을 개발하는 아이디어

원천기술은 많은 분야에 응용서비스를 만들어 낼 수 있는 핵심기술이라고 이해하면 되겠다. 원천기술은 주로 물리, 화학, 전자공학, 생명공학 등 기술연구소의 공학자가 개발하는 경우가 많은데 이런 기술로 창업을 하면 훨씬 주목을 받는다. 원천기술을 가지고 있다면 꼭 특허등록을 하고 정부지원사업에 신청하는 것이 좋다.

내가 IT벤처기업에서 처음 정부지원사업을 신청할 때 그 회사도 원천기술을 개발하고 있었다. 핵심특허도 3건 이상 출원돼 있었고 개발자도 유명대학 석·박사 위주의 공학자였다. 핵심기술개발을 통해 사업화 가능성을 증명하기 위해 응용서비스 개발도 병행했다. 그때 개발한 여러 가지 아이디어로 정부지원금을 계속 받을 수 있었다. 원천기술을 개발하는 경우 그 기술은 물론 응용서비스 개발을 통해 추가적으로 정부지원금을 받을 수 있다.

④ 사회적 약자, 소상공인, 중소기업 등을 지원하는 아이디어

소상공인, 자영업자, 중소기업, 고용취약계층, 몸이 불편한 사람, 노약자, 경력단절여성 등 약자를 지원하는 사업이 정부지원사업에 좋다. 사회적 약자를 지원하는 사업은 동일한 사업에서 별도의 쿼터가 있기도 하고 아예 특정 약자를 위한 정부지원사업도 있다. 따라서 정부지원사업에 참여할 수 있는 기회가 더 많다.

⑤ 해외진출 가능성이 높은 아이디어

정부지원 사업계획서에 '해외진출 방안'이라는 항목이 있는 경우도 있다. 초기창업자는 해외진출 계획이 별로 없어 어려워하는 부분이다. 심지어 예비창업패키지도 해외진출 전략을 물어본다. 그만큼 정부지원사업은 해외진출이 중요하다는 것이다. 따라서 이미 수출, 해외법인 설립 등으로 해외진출을 했거나 해외진출을 위한 아이디어는 정부지원사업에 매우 유리하다.

⑥ 돈을 많이 버는 아이디어

당연히 돈을 많이 벌 수 있는 것이 좋은 아이디어다. 1억보다는 10억, 10억보다는 100억을 벌 수 있는 아이디어가 좋고 현재 100만 원 매출이 있는 것보다 1,000만 원, 1억의 매출이 더 좋은 것이다.

이런 종류의 아이디어라면 정부지원사업에 합격하는 데 훨씬 유리하다. 한 가지 조건만 제대로 갖춰도 정부지원사업에 합격할 수도 있는데 2~3개 조건을 갖췄다면 정부지원사업에 합격하는 것은 당연하다.

· 정부지원사업에 합격하는 '좋아 보이는' 아이디어

창업자는 대부분 좋은 아이디어로 창업한다. 자기 돈을 투자해서 새로운 것을 개발하고 사무실을 얻어 직원을 뽑고 마케팅 투자를 하여 매출을 발생시키는데 그 아이템이 좋지 않을 수 있나? 아마 다 좋은 아이템일 것이다. 그리고 그러길 바란다. 자신의 아이디어가 좋지 않은데 창업할 사람이 있을까? 그런데 이상하게도 정부지원사업에 신청하면 탈락한다. 그렇게 좋은 아이디어가 왜 정부지원사업에 탈락할까?

좋은 아이디어가 정부지원사업에 합격하는 것이 아니라 '좋아 보이는' 아이디어가 정부지원사업에 합격하기 때문이다. 말장난처럼 느낄 수 있지만 좋은 아이디어와 '좋아 보이는' 아이디어는 다른 것이다. 창업자 본인한테 아무리 좋은 아이디어라도 평가위원이 봤을 때 그 아이디어가 좋아 보이지 않으면 정부지원사업에 탈락한다. 창업자는 그 좋은 아이디어를 다른 사람에게 설명할 때는 좋아 보이도록 설명해야 한다. 예를 들어 매출에 대해서 설명을 할 때 누구는 '1억밖에 못 벌었네.'라고 생각하고 누구는 '1억이나 벌었네.'라고 생각할 수 있다. 평가위원이 후자로 생각해야 그 아이디어가 '좋아 보이는' 아이디어가 되는 것이다.

• 아이디어를 '좋아 보이게' 만드는 방법 1. 근거, 최초, 노력, 상세

① 주장을 뒷받침하는 객관적 수치를 제시한다.

사업계획서는 창업자의 아이디어를 주장하는 것이다. 그 주장의 근거가 '내가 해 봐서, 잘 될 것 같아서, 사람들이 많이 하니까' 이런 정도라면 곤란하다. 평가위원이 그 주장을 믿으려면 객관적인 근거가 필요하다. 객관적인 것은 주로 수치로 표현되는 것들이다. '많다'보다는 '10,000개'가 더 직관적이다. 자료수집으로 그 수치를 찾아야 한다. 귀찮고 힘든 작업이지만 인터넷에는 어떤 자료도 다 있다. 창업자의 주장을 뒷받침할 수 있는 근거와 그 반대되는 근거를 모두 찾을 수 있다. 어떤 주장에 대한 근거도 분명히 있으니 근거를 찾아서 제시해라. 예를 들어 창업지원사업이 필요하다거나 혹은 필요하지 않다고 주장한다고 할 때, '창업지원사업 지원 필요' 또는 '창업지원사업 예산 낭비'라고 검색하면 다음과 같이 서로 상반되는 내용의 뉴스기사를 얼마든지 찾아낼 수 있다.

주장/검색어	근거기사
창업지원사업 필요 근거	성공률 97% '대박' …39세 이하 예비창업자 돕는 기보 중소벤처기업부 총괄, 창업진흥원과 기술보증기금이 전담 및 주관한 예비창업 패키지 참여자 97%가 창업에 성공하며 예비창업자 성공사다리 역할 '톡톡' 출처- 2020년 8월 10일, ○○투데이
창업지원사업 불필요 근거	'○○' 키운 중기부 창업 지원정책, '함량 미달 운영사' 비판에 직면 출처- 2019년 2월 25일, ○○○○포스트

[창업지원사업 지원 필요/불필요 관련 기사 사례]

② 특허로 아이디어가 최초임을 증명한다.

창업자 자신의 아이디어가 최초인지 아닌지 잘 모르는 경우가 있다. 잘 모른다면 최초가 아닐 것이다. 확신이 있어야 한다. 최초임을 증명하는 객관적 방법이 특허다. 지식재산권이 확보된 아이디어가 좋아 보이는 것은 당연하다. 프로그램을 등록하거나 상표를 등록해도 도움이 된다. 자신의 아이디어에 확신이 없어서 특허 출원도 못하는 창업자를 정부가 굳이 도와줘야 할 이유도 없다. 그런데 특허등록은 쉽지 않다. 특허심사가 오래 걸리기도 하고 거절되는 경우가 더 많다. 그래도 특허는 출원해야 한다. 특허출원은 쉽게 할 수 있다. 아이디어를 정리해서 변리사를 만나 요청하면 된다. 특허출원 비용이 문제인 것이지 특허출원 자체가 어렵지는 않다. 특허비용을 지원하는 사업은 지역지식재산센터(www2.ripc.org)에서 확인할 수 있다.

③ 선행연구결과 내역을 상세하게 설명한다.

창업 아이디어를 최초 기획한 시점부터 아이디어를 개발하기 위해 노력한 주요 과정을 정리한다. 창업을 위해 고민과 투자를 많이 했다고 느끼게 할 수 있다. 아래와 같은 표로 만들어 정리하면 그럴 듯해 보인다. 창업자의 선행연구결과를 자랑스럽게 정리해라.

시기	준비사항	주요내용
2020.1	아이디어 기획	최초 아이디어 스케치 및 사업추진 계획 수립
2020.3	시장조사, 자료조사	전체시장 ○○억, ○백만 시장 확인, 적정가격 확인
2020.5	특허출원 2건	특허출원번호 ○○○○○○○○, 출원일, 출원명
2020.6	개발 UI 설계	서비스 플로우에 따른 시스템, 제품 UI 설계완료

2020.7	디자인	제품, 포장, App, 모바일 웹, 웹사이트 디자인 2안
2020.8	아이디어 공모전	청년창업공모전 2020, 대상 수상
2020.10	CTO 영입	○○IT기업 출신, ○○대학, 10경력

[선행연구결과 정리 사례]

④ 핵심 개발사항은 분량 고민 말고 최대한 구체적으로 설명한다.

4차 산업분야 기술을 활용한다고 할 때 개발방법 한두 가지를 확실한 시나리오와 함께 구체적으로 설명해 주는 것이 좋다. 분량이 늘어날까 봐 주저하지 말고 최대한 구체적으로 설명해야 한다.

4차 산업분야 기술을 활용하여 제품을 개발하겠다고 작성한 사업계획서의 개발 상세내역이 구체적인 개발방법을 제시하지 못하거나 인터넷에 나와 있는 방법론 자료를 그대로 베껴 쓴 수준인 것도 많다. 4차 산업분야 기술을 활용하여 제품을 만든다고 주장만 하면 유리하다고 생각하고 상세내역은 신경을 안 쓴 것이다. 어이없게도 그런 사업계획서가 합격하는 경우도 있지만 그것은 차선이어야 한다. 결국 관련분야 전문 평가위원의 집요한 질문에 제대로 대답하지 못하면 탈락할 것이다. 창업자의 아이디어를 명확하게 전달하려면 적어도 하나 이상의 핵심 개발내용은 최대한 구체적으로 설명하는 것이 좋다.

⑤ 기타: 약자의 마인드로 표현한다.

'부동산 경기 침체를 극복할 수 있는 공유 팝업스토어'

이 문구는 유명 매장의 유휴 공간을 팝업스토어로 기획하고 소상공인이 싼 값에 입점하는 공간 공유 플랫폼의 장점을 설명한 것이다. 부동산 경기가 침체되어 유명 매장이 임대되지 않아 문제가 될 수 있기에 유명 매장을 설득하는 논리는 된다. 그런데 중소기업을 지원하는 정부지원 사업계획서를 작성할 때는 굳이 유명 매장의 관점에서 사업계획을 설명할 필요는 없다. 사업 필요성의 관점을 소상공인 측면으로 생각하면 유명 매장에 입점하고 싶어도 입점하지 못했던 소상공인을 모아 저렴한 임대료로 입점할 수 있도록 지원하는 서비스라고 할 수 있다. 따라서 다음과 같이 소상공인 위주로 설명하는 것이 훨씬 좋을 것이다.

'영세 소상공인이 유명 매장을 저렴한 가격에 단기간 임대할 수 있도록 지원하는 공유 팝업스토어'

공간 공유 플랫폼으로 유명 매장과 소상공인에게 모두 이득이 되는 플랫폼이고 실제 사업도 성장하고 있다. 투자자에게 설명할 때는 유명 매장 위주로 설명을 해도 괜찮다. 하지만 정부지원 사업을 신청할 때는 되도록 약자의 관점에 설명하는 것이 더 좋게 보일 것이다.

• 아이디어를 '좋아 보이게' 만드는 방법 2. 편집

사업계획서는 편집에 따라 완전히 다르게 보일 수 있다. 편집의 원칙은 주어진 사업계획서 요구내용에 맞춰 최대한 읽기 편하게, 핵심내용이 잘 전달되게 하는 것이다.

2020년 예비창업패키지 비대면 분야 예비창업자 모집 공고

혁신적인 기술창업 소재가 있는 예비창업자를 육성하기 위한 『2020년 예비창업패키지』 비대면 분야에 참여할 예비창업자 모집을 다음과 같이 공고합니다.

2020년 7월 17일
중소벤처기업부장관

1 모집개요

□ **지원목적**

o 혁신적인 기술창업 소재가 있는 비대면 분야 예비창업자의 원활한 창업사업화를 위하여 사업화 자금, 창업교육, 멘토링 등을 지원

□ **지원대상**

o 비대면* 분야 아이템으로 창업 (사업자 등록) 예정인 자

  * **비대면 창업아이템 기준**: 사람과 사람이 직접적으로 대면하지 않거나, 사람 간의 대면을 최소화할 수 있는 서비스나 제품 (업종 무관)

  * 비대면 관련 창업아이템 (업종 무관)에 한하여 신청 가능하며, 평가위원회를 통해 비대면 서비스/제품 여부를 심의 (사업계획서에 비대면 연관성을 기재)

o 비대면 일반분야는 공고일 기준, 출생일자에 따라 청년*, 중장년**으로 구분하여 모집

  * **청년**: 만 39세 이하 (1980년 7월 18일 이후 출생)인 자
  ** **중장년**: 만 40세 이상 (1980년 7월 17일 이전 출생)인 자

□ **선정규모**

o 총 600명 내외

  * 예비창업자 평가결과 일정수준에 미달할 경우, 지원규모는 감소할 수 있음

[예비창업패키지 모집 공고문]

① 중소벤처기업부 사업공고문의 편집 형식을 참고한다.

가장 편집이 잘된 문서는 공문서다. 정부기관에서 사업을 공고할 때, 보도 자료를 배포할 때와 같은 방식으로 사업계획서를 작성하면 좋다. 사례는 2020년 7월 중소벤처기업부에서 예비창업패키지 비대면 예비창업자를 모집하는 공고문 첫 페이지다. 공고문의 본문 글자크기는 15포인트다. 나는 기술개발 사업계획서를 쓸 때는 내용이 많아서 보통 12포인트나 11포인트를 썼다. 정해진 분량이 있어 그에 맞추려니 폰트를 작게 한 것이다. 하지만 창업 사업계획서는 본문 글씨를 15포인트로 쓰라고 한다. 창업 사업계획서는 평가시간 대비 평가할 사업계획서가 너무 많아 최대한 가독성을 좋게 해야 한다.

② 큰 볼드체 과제명으로 시작한다.

공고문의 맨 위쪽에는 가운데 정렬로 제목이 볼드체로 쓰여 있다. 사업계획서를 쓸 때도 첫 페이지 맨 위쪽 정중앙에는 과제명을 볼드체로 써야 한다. 사업계획서 첫 페이지 정중앙에 제목을 쓰지 않고 시작하는 경우가 있는데 과제명이 없으면 사업계획서 내용을 이해하기 어렵다. 반드시 이 공고문처럼 써야 한다. 글씨체는 본문과 다른 'HY헤드라인'이라는 글씨체고 크기도 19포인트다.

③ 서술식보다는 개조식으로 쓴다.

□ 지원목적

  o 혁신적인 기술창업 소재가 있는 비대면 분야 예비창업자의 원활한 창업사업화를 위하여 사업화 자금, 창업교육, 멘토링을 지원

[예비창업패키지 모집 공고문 지원목적 부분]

공고문에는 모집개요, 지원목적, 지원대상, 선정규모의 대제목이 있고 내용이 나온다. 대제목이 볼드체로 쓰여 있기 때문에 해당 내용을 빨리 찾아 읽을 수 있다. 본문내용을 보면 마지막에 '창업교육, 멘토링 등을 지원' 이렇게 개조식으로 끝을 낸다. '멘토링 등을 지원합니다, 멘토링 등을 지원한다.' 이렇게 서술식으로 쓰지 않는다. 사업계획서는 핵심만 설명하면 되기 때문에 다른 목적이 있지 않는 한 '~합니다', '~한다'와 같이 서술식이 아닌 '~함'과 같은 개조식 문장으로 쓴다.

④ 각주를 통한 부연설명, 볼드체를 통한 강조

o 비대면* 분야 아이템으로 창업 (사업자 등록) 예정인 자
  * **비대면 창업아이템 기준**: 사람과 사람이 직접적으로 대면하지 않거나, 사람 간의 대면을 최소화할 수 있는 서비스나 제품 (업종 무관)
  * 비대면 관련 창업아이템 (업종 무관)에 한하여 신청 가능하며, 평가위원회를 통해 비대면 서비스/제품 여부를 심의 (사업계획서에 비대면 연관성을 기재)

[예비창업패키지 모집 공고문 지원대상 부분]

본문에서 부연설명이 필요한 것은 비대면*과 같이 각주로 설명한다. 창업자는 쉽게 인지하고 있는 것도 평가위원은 모를 수도 있다. 조금이라도 확실한 설명이 필요할 것 같으면 특별히 잘 보이게 설명한다. '* 비대면 창업아이템 기준'은 글꼴도 다르고 볼드체다. 볼드체는 사업계획서를 읽을 때 훨씬 집중이 잘된다. 확실히 읽어야 하는 부분은 볼드체로 강하게 어필한다. '비대면 창업아이템 기준'을 볼드체로 한 이유는 이 사업이 비대면 창업아이템만을 지원하기 때문이다.

사업계획서

1. 기술개발의 개요 및 필요성

1.1 배경
- ○ 2017년 ICT 최대 화두, "음성비서 중심의 AI 확산 가속화"
- ○ 정부도, 대기업도 AI 음성비서 서비스 활성화에 투자확대 및 기업간 협력요구
- NAVER: '16년12월 오디오콘텐츠 및 플랫폼사에 300억 원 투자펀드 조성
- ○ 이용자들의 정보성 음성콘텐츠를 활용, 음성 검색시장에서 차별화서비스 제공

1.2 개요 및 필요성

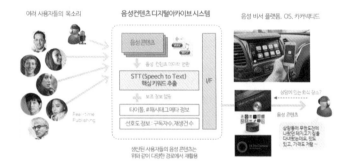

    음성비서 시장활성화 대비 이용자의 60초 이내 정보성 음성콘텐츠의 DB시스템. 이용자가 직접 생산한 60초 이내의 정보성 음성콘텐츠를 검색이 가능하도록 DB화하여 음성비서 플랫폼 등 음성콘텐츠가 필요한 곳에 API로 제공하는 시스템. 음성비서의 TTS(Text To Speech)답변이 아닌 실제 이용자 음성콘텐츠 제공.

    음성비서 등의 플랫폼을 통한 기계음 답변이 아닌, 크라우드소싱 방식으로 수집된 이용자들의 실제 음성콘텐츠를 답변으로 활용하는 표준화된 차별화 서비스 필요 당사가 기 개발한 짧은 음성 공유서비스 이어링서비스를 활용한 콘텐츠 수집

2. 기술개발의 목표

[기존 사업계획서 양식대로 무성의하게 작성된 사례]

⑤ 사업계획서의 기본 양식을 가독성 있게 수정해도 괜찮다.

정부지원사업 사업계획서 양식을 편집 없이 그대로 작성하다 보면 글꼴, 크기, 문단모양, 줄 간격, 자간 등 모두 통일되지 않아 지저분해 보이는 경우가 많다. 편집방법이 정해져 있지 않기 때문에 작성자가 일부 수정해도 상관없다. 사업계획서의 필수 항목을 삭제하지 않는 이상 편집용지 여백, 글꼴, 크기, 문단모양 등을 수정할 수 있다.

위 사례를 보면 문단 꼭지 ○표의 통일성이 없고 글꼴 크기, 줄 간격도 다르다. 문단모양이 정렬되지 않아 줄이 바뀌는 오른쪽 끝이 들쭉날쭉하다. 이렇게 정리되지 않은 사업계획서는 읽기 싫다. 평가위원은 사업계획서를 읽는 시간이 부족하다. 합격시켜야 할 사업계획서는 20개 중에서 3~4개뿐이다. 굳이 편집이 무성의해 읽기 어려운 사업계획서를 더 노력해서 읽을 필요가 있을까?

사업계획서는 친절해야 한다. 다음 사례는 창업성장기술개발사업 디딤돌창업과제 첫 페이지로 가독성 좋게 편집한 사례다. 편집용지 여백을 상하좌우로 넓혔다. 과제명을 명확하게 하고 소제목의 위치와 형태도 통일했고, 시스템 개요도를 그려 넣어 개발기술의 이해를 돕고 있다. 개발기술의 개요, 배경, 필요성을 명료하게 설명하기 위해 세부항목을 3~4개로 제시했다. 중요한 부분은 붉은색, 볼드체, 밑줄을 넣어 강조하였다. 평가시간이 부족한 평가위원이 강조한 부분만 빨리 읽더라도 내용을 이해할 수 있도록 했다. 사례로 제시한 두 가지 사업계획서를 평가하는 사람이라면 당연히 후자의 사업계획서에 더 높은 점수를 줄 것이다. 참고로 두 사업계획서의 내용 자체는 동일하다. 단지 편집 방식의 차이만 있을 뿐이다.

AI음성비서 플랫폼에서 활용되는 이용자의
짧은 음성콘텐츠 디지털아카이브 시스템

1. 기술개발의 개요 및 필요성

1.1 배경
- 2017년 ICT 최대 화두, "음성비서 중심의 AI 확산 가속화"
- 정부도, 대기업도 AI 음성비서 서비스 활성화에 투자확대 및 기업 간 협력요구
  - NAVER: '16년12월 오디오콘텐츠 및 플랫폼사에 300억 원 투자펀드 조성
- 이용자들의 정보성 음성콘텐츠를 활용, 음성 검색시장에서 차별화서비스 제공

1.2 개요 및 필요성
- 음성비서 시장활성화 대비 이용자의 60초 이내 정보성 음성콘텐츠의 DB시스템.
  이용자가 직접 생산한 60초 이내의 정보성 음성콘텐츠를 검색이 가능하도록 DB화
  하여 음성비서 플랫폼 등 음성콘텐츠가 필요한 곳에 API로 제공하는 시스템.
- 음성비서의 TTS(Text To Speech)답변이 아닌 실제 이용자 음성콘텐츠 제공.
  음성비서 등의 플랫폼을 통한 기계음 답변이 아닌, 크라우드소싱 방식으로 수집된
  이용자들의 실제 음성콘텐츠를 답변으로 활용하는 표준화된 차별화 서비스 필요
- 당사가 개발한 짧은 음성 공유서비스 이어링(earing) 서비스를 활용한 콘텐츠수집

2. 기술개발의 목표: 기존에 없던 '음성콘텐츠 디지털아카이브 시스템'

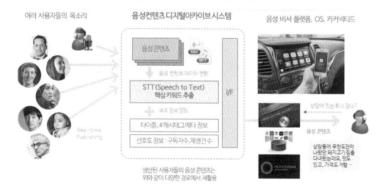

[음성콘텐츠 디지털아카이브 시스템 및 서비스 구성도]

[편집용지를 새로 수정해 편집된 사례]

⑥ 분량은 되도록 맞춘다.

사업계획서는 표준 분량이 있다. 예비창업패키지는 5페이지, 초기창업패키지는 7~8페이지, 디딤돌창업과제는 15페이지, 전략형창업과제는 25페이지로 작성해야 한다. '초과할 경우 불이익을 받을 수 있다'고 주의를 준다. 그러니 되도록 분량에 맞춰 핵심 내용만 쓰면 된다. 그런데 분량을 딱 맞추는 것은 쉬운 게 아니다. 사업계획서를 대충 작성하면 표준 분량도 많게 느껴지지만 제대로 사업계획서를 작성하면 다소 부족한 분량이다. 내용을 줄여 핵심만 작성하는 것이 더 어렵다. 정해진 분량을 초과하지 않고 많은 내용을 쓸 수 있게 하는 방법이 '편집의 기술'이다. 앞서 설명한 편집방법을 활용해라. 그렇게 작성을 해도 2~3페이지를 초과하여 경우가 있는데 그 정도까지는 괜찮다고 본다.

지금까지 좋은 아이디어를 '좋아 보이는' 아이디어로 만드는 방법을 설명했다. 아이디어를 설명할 때 내용과 형식 모두 중요하다. 좋은 아이디어가 좋지 않게 보여 탈락하는 일은 없길 바란다.

(2)
아이디어 검증방법

> **· 창업교육에서 가르치는 애매모호한 아이디어 검증방법**

나에게 '제 아이템이 괜찮나요? 합격할 수 있을까요?'라는 문의가 가장 많이 온다. 사업계획서를 보내 주기도 하고 사업내용을 메일에 써서 보내오기도 한다. 모든 문의에 답변을 보내지만 아이디어를 평가해 달라고 하는 것은 구체적으로 답을 못 해 준다. 시간도 부족하고 내가 모르는 분야는 대답을 제대로 할 수 없다. 특히 아이디어는 앞서 말한 것처럼 어떻게 '좋아 보이게' 하느냐에 따라 얼마든지 달라질 수 있기 때문에 섣불리 좋고 나쁘다고 말할 수 없는 것이다.

창업자는 자기 아이디어가 좋은지 나쁜지 늘 궁금하고 검증받고 싶다. 아이디어의 타당성을 판단하는 여러 가지 정형화된 방법이 있지만 그 형식에 따라 정보를 추출해서 입력하는 과정이 어렵고 오류도 많이 발생해서 제대로 검증을 한 것인지 의심되기도 한다. 인터넷에서 다음과 같은 질문에 제대로 답해야만 아이디어의 실현가능성이 높다고 한 것을 본 적 있다.

1. 고객이 제품과 서비스를 필요로 하는가?

2. 고객 반응을 경험한 적 있는가?

3. 현재 우리는 어디까지 준비했는가?

4. 나중에 제품이나 서비스의 확장 가능성이 있는가?

5. 지식재산권을 보호받을 수 있는가?

과연 그럴까? 이 5가지 검증방법에 반론을 펼치면 다음과 같다.

① 고객이 제품과 서비스를 필요로 하는가?

이런 질문은 질문 자체가 문제다. 고객은 새로운 제품이나 서비스가 필요한지 아닌지 아예 모르거나 전혀 관심이 없기 때문이다. **창업자는 고객으로 하여금 창업 아이디어로 개발한 제품과 서비스가 필요하다고 느끼게 만들어야 하는 것이다.** 고객이 제품과 서비스를 필요로 하는지는 물어볼 사항이 아니라 필요하다고 느끼게 하는 것이 핵심 과제인 것이다.

대부분의 고객은 그 불편함을 그냥 참고 살아간다. 그것이 얼마나 불편한지 깨닫지 못한다. 창업자는 그것을 참지 말라고 설득하는 사람이 되어야 한다. 정확히 질문을 해야 한다. 고객은 필요한지 안 필요한지 모르기 때문에 차라리 '우리 제품과 서비스로 고객은 무엇이 더 편해지는가?' 이런 식으로 질문을 해야 할 것이다.

② 고객 반응을 경험한 적 있는가?

창업 아이디어를 내거나 개발 아이템을 낼 때는 이미 고객의 반응을 경험한 것이다. 굳이 또 따로 경험을 해 볼 필요는 없다. 창업 아이디어에 대해서는 나도 고객이고 내 동료도 고객이다. 아이디어를 고민하는 것만으로 경험을 한 것이다. 창업자는 아직 시작도 하기 전이다. 물론 먼저 테스트를 했다면 당연히 좋은 것은 맞다. 하지만 어떨 때는 빠른 결단과 실행이 필요하다.

③ 현재 우리는 어디까지 준비했는가?

아이디어를 생각을 한 것 자체가 시작이다. 뭘 더 바라나? 개발을 미리 하고 디자인을 미리 다한 상태에서 아이디어를 검증하나? 지금 준비된 것이 아무것도 없어도 상관없다. 생각을 하는 것 자체가 중요하다. 그것만으로도 충분히 창업할 수 있다.

④ 나중에 제품이나 서비스의 확장 가능성이 있는가?

한 가지 기능에 집중을 해도 성공할까 말까 하는데 아이디어 검증 단계에서 확장할 것까지 생각할 필요는 없다. 필수조건이 아니다. 한 가지 아이디어에 집중해서 진행하다 보면 서비스 확장 내용도 나오고 변경할 사항도 나온다. 아이디어 가능성을 검토할 때부터 서비스 확장에 대해 고려할 필요는 없다.

⑤ 지식재산권을 보호받을 수 있는가?

단정적으로 말할 수 있다. 창업자는 지식재산권으로 아이디어를 보호받을 수 없다. 지식재산권만으로 뭔가를 얻을 수 있는 것은 특허괴물뿐이다. 삼성도 특허로 애플에 지기도 한다. 하물며 스타트업에게는 더욱 어렵다. 기대를 말자. 특허는 사업을 방어하는 차원에서 필요하고 아이디어가 최초라는 것을 증빙하기 위해 필요하다. 하지만 보호받기는 어렵다. 반드시 경쟁자가 나타나고 그들은 창업자의 특허를 회피해 사업을 한다. 따라서 **특허보다 중요한 것은 안정적 사업추진을 위해 사업적 연대나 사회적 이슈를 만들어 내는 전략이다.**

지금까지 일반적으로 알려진 애매모호한 아이디어 검증방법에 대해 반론을 제시해 봤다. 검증방법이 너무 작위적이다. 창업교육을 위해 억지로 만들어 낸 이론 같다.

• 가장 간단한 아이디어 검증방법 5가지

나는 20년 가까이 IT개발 및 IT비즈니스 업계에 종사하면서 새로운 아이디어를 수없이 생각하고 그것을 실행했다. 대부분의 아이디어는 그 가능성을 인정받아 정부지원금을 받았다. 그중에서 어떤 것은 사업화에 성공하여 매출도 발생했지만 대부분은 실패했다. 사업화를 진행할 때 어떤 아이디어가 좋은 것인지, 얼마나 더 가치 있는지에 대해서는 분석적으로 고민하지 않았다. 그냥 감으로, 직관적으로 '좋겠지, 돈 많이 벌겠지.' 이 정도까지만 생각하고 아이디어 검증 없이 무작정 사업에 뛰어들었다.

그런데 매우 바람직하지 않은 방법이다. 그래서 대부분 실패하는 것이다. 아이디어가 얼마나 가치 있는 것인지를 검증해 볼 필요가 있다. 내가 그동안 진행했던 성공한 아이디어와 실패한 아이디어를 다시 한번 생각해 봤고 앞으로 하고 싶은 아이디어를 대상으로 아이디어 검증방법을 생각해 봤다. 아주 심플한 5가지 기준으로 아이디어를 검증한다. 이 기준에 따른 검증을 통과하면 정말 좋은 아이디어일 것이다. 본인의 아이디어가 얼마나 좋은지를 5가지 기준으로 판단해 보길 바란다.

1. 시장이 굉장히 큰 아이디어
2. 최초인 아이디어
3. 독점이 가능한 아이디어
4. 돈 내는 사람이 주저 없이 돈을 지불할 수 있는 아이디어
5. 고객이 이용하는 데 전혀 불편함이 없는 아이디어

① 시장이 굉장히 큰 아이디어

첫 번째 기준은 아이디어의 시장 규모다. 창업자가 직접 조사한 유효시장의 규모가 큰 것이 좋은 아이디어다. 그 시장은 창업자가 입증한 유효시장을 말한다. 유효시장은 창업자의 아이디어로 시장을 독점했을 때 차지할 수 있는 시장 전체이다. **유효시장은 창업자가 직접 추정해야 하는 시장이다.** 통계기관에서 조사한 자료에 있는 몇 조, 몇 십 조의 이런 시장은 전체시장이다. 그 시장 중에 창업자의 아이디어로 차지할 수 있는 시장이 유효시장인 것이다. 대략 금액으로 말하면 유효시장이 100억~1,000억 원 정도 되어야 할 것 같다. 돈이 아니라 고객으로 말했을 때는 고객군의 대부분을 차지할 수 있다면 그것은 분명 좋은 아이디어일 것이다. 창업자의 아이디어가 얼마나 큰 시장을 형성할 것인지 추정해 봐라.

② 최초인 아이디어

두 번째 기준은 최초 여부다. 첫 번째 아이디어라야 개발할 가치가 있다. 다른 것을 따라하는 것이 아니라 다른 제품의 불편한 점을 개선하는 첫 번째 제품이어야 한다. 창업자 본인의 아이디어가 최초인지 아닌지 검증해야 한다. 만약 최초가 아니라면 그 아이디어로는 창업하지 마라. 그런데 **잘 생각해 보면 분명히 최초인 무엇이 있을 것이다. 그것 때문에 창업을 결심했을 것이다.** 그것을 증명하는 방법 중에 하나가 특허다. 창업을 하고 싶다면 반드시 최초라고 말할 수 있는 포인트를 찾아서 그것이 가치 있는 것인지부터 판단해라.

③ 독점이 가능한 아이디어

창업자가 생각한 최초의 아이디어로 유효시장을 추정했다. 그 유효시장 점유율이 100%가 되면 시장 전체를 독점하는 것이다. 독점은 거의 불가능하지만 창업할 때는 독점할 수 있다고 생각해야 한다. 시장을 특화할수록 규모가 작아지지만 독점할 가능성은 높아진다. 독점할 가치가 있는지도 중요하다. 쓸데없는 시장, 아무도 거들떠보지 않는 시장을 독점해 봐야 무슨 소용인가?

④ 돈 내는 사람이 주저 없이 돈을 지불할 수 있는 아이디어

돈 내는 사람이 주저 없이 돈을 지불할 수 있는 아이디어가 좋은 아이디어다. 비용지급을 주저한다면 어딘가에 문제가 있는 것이다. 비싸거나 지불방법이 어렵거나 효용이 떨어지거나 등의 문제로 주저할 수 있다. 특히 고객입장에서 조금이라도 주저할 것 같은 요소가 있다면 그것을 무시하면 안 된다. '그 정도는 괜찮지.', '그런 고객은 무시해도 돼.' 이런 판단을 너무 빨리하면 안 된다. 창업자는 아주 사소한 고객의견에도 관심을 가져야 한다. 그것을 바탕으로 대부분의 고객이 주저 없이 지불할 수 있는 서비스나 제품을 개발해야 한다. 어떤 서비스는 돈을 지불하는 사람과 서비스를 이용하는 사람이 다른 경우도 있다. 이때는 돈을 지불하는 고객과 서비스를 이용하는 고객 둘 다 만족시켜야 한다.

한 가지 사례로 창업자가 개발한 상품의 가격을 10,000원으로 책정하여 무료 테스트를 진행했다. 테스트 결과 50%는 10,000원이 적당하다고 답했고 40%는 이용하고 싶지만 가격이 더 저렴하면 쓰겠다고 했고 10%는 안 쓰겠다고 했다. 창업자는 상품가격을 얼마로 해야 할까? 상품가격을 내리면 내릴수록 마진이 적어진다. 50%는 10,000원 준다고 했으니 10,000원으로 결정할 수 있고 40%도 포함하려면 8,000~9,000원 정도로 내릴 수도 있다. 관련하여 다른 상품이나 서비스 가격도 비교하고 판단해야 한다. 내 생각에 적어도 80% 이상의 고객이 10,000원에 동의한다면 모를까? 10,000원은 고객이 주저하는 가격으로 보인다. 이럴 때 창업자가 하지 말아야 하는 판단은 '50%는 10,000원에 산다고 했으니까 나머지 50%는 무시하자.' 이런 것이다. 창업자는 자신의 아이디어에 자긍심이 대단하기 때문에 그런 의견을 무시하는 경향이 있다. 이 오류에 빠지지 않도록 신중하게 결정해야 한다.

주저 없이 지불하는 방법 중에서 또 중요한 것은 결제방법의 편리함이다. 편리하다는 것은 여러 가지 의미로 해석된다. 결제수단, 결제방법, 결제조건, 결제시기 등 모든 측면에서 편리해야 한다. 예를 들어 주저 없이 결제하려면 결제절차가 최대한 간단한 것이 좋다. 카드번호 입력보다는 핀번호 입력이, 핀번호 입력보다는 지문인식이 더 간편하다. 카드, 무통장입금, 계좌이체 등 다양한 방법 중 고객이 선택하게 할 수도 있다. 외상이나 후불지급도 방법 중에 하나다.

지극히 내 개인적인 생각은 고객이 지불할 때 이것저것 묻지 않고 가장 좋은 결제방법을 제시하는 것이다. '이 카드는 5만 원 이상 쓰면 5% 할인됩니다. 할인쿠폰을 다운로드하면 10% 할인됩니다. 회원가입을 하면 20% 할인됩니다.' 이런 멘트는 고객을 위하는 척하지만 결국 서비스 제공자가 돈을 더 벌려고 하는 행동이다. 결제수단은 다양화할 수 있지만 결제절차는 복잡해지는 것이다. 그냥 다 20% 할인해 주면 편할 것이다. 나는 이것을 '차별 없는 할인'이라고 한다. 고객에게 필요한 가치를 제공하고 결제수단과 절차를 편리하게 하여 고객이 주저 없이 지불할 수 있도록 하는 아이디어가 좋은 아이디어일 것이다.

⑤ 고객이 이용하는 데 전혀 불편함이 없는 아이디어

'이 정도는 고객이 참아 주겠지.', '이것은 무조건 하는 것이니까, 고객도 어쩔 수 없어.' 이렇게 창업자 스스로 판단하고 고객의 불편함을 무시하면 좋은 아이디어가 아니다. 창업자의 아이디어로 주변 사람들을 설득할 때 주변에서 여러 의견을 주는데 특히 잘 새겨들어야 할 것이 바로 '고객의 불편함'에 대한 의견이다. 고객의 불편함을 완전히 없앨 수는 없겠지만 그것을 최소화해야 한다.

위의 5가지 기준을 모두 통과하는 아이디어라면 무조건 좋은 아이디어다. 그렇다고 모든 기준을 통과한 아이디어가 반드시 성공하는 것은 아니다. 단지 아이디어가 좋다는 것이다. 아이디어가 좋은 것과 성공하는 것은 별개의 문제다. 그래도 아이디어가 좋으면 성공할 가능성은 높다.

나의 세 번째 창업아이템 '이어폰연결음 시스템'은 통화연결음처럼 이어폰을 연결할 때 음성콘텐츠가 자동 실행되는 시스템이었다. 좋은 소리를 들려주면 고객이 좋아할 것이라고 생각했다. 통화연결음처럼 자리 잡을 수 있을 것이라 생각했다. 하지만 실패했다. 이어폰연결음 시스템은 돌이켜보면 위 기준 중 3가지는 쉽게 통과했다. 네 번째 기준도 광고주가 돈을 지불하기 때문에 그것도 쉽게 통과했다. 그런데 5번째 기준은 통과하지 못했다. 이어폰을 연결할 때 원치 않는 소기가 나서 고객이 불편해질 수 있다는 의견을 무시했다. '약간의 불편함이 있지만 고객이 참을 수밖에 없어.' 이렇게 생각을 했다. 잘못된 생각이었다. 5가지 기준 중 어떤 하나를 통과하지 못하면 아예 사업에 실패할 수도 있으니 반드시 검증해 보길 바란다.

나는 지금도 창업 아이디어를 생각한다. 그리고 위 5가지 아이디어 검증을 통과하기 위해 아이디어를 계속 다듬는다. 아주 간단한 검증방법이니 꼭 검증을 해 봐라. **게다가 위 5가지 아이디어 검증을 통과하는 아이디어는 정부지원을 받는 데 매우 유리하다.**

(3)
시장규모 추정방법

·시장규모는 찾는 게 아니라 추정하는 것이다

사업계획서를 작성할 때 아이템 개요를 정의한 후, 창업 아이디어에 대해 매출목표를 객관적 자료에 근거해 구체적이고 명확하게 추정했다면 사업계획서의 90%는 완성한 것이나 다름없다. 그런데 많은 창업자가 자신의 제품에 대한 시장규모를 제대로 추정하지 못한다. 특히, 아이디어에 대한 시장을 찾을 수 없다고 하면서 이걸 어떻게 써야 할지 매우어려워한다. '인터넷에서 시장규모를 찾아봐도 안 나온다.', '도대체 시장규모를 어떻게 찾아야 하냐?' 하며 힘들어한다.

단언하건대 창업 아이디어에 대한 시장규모는 인터넷에서찾을 수 없다. 창업자는 세상에 없던 새로운 제품과 서비스를 만들기 때문에 그 시장규모는 누구도 먼저 조사하지 않았다. 따라서 인터넷을 검색해도 나오지 않는다. 당연한 것이다. 최초의 아이디어라면 그 시장규모가 절대로 공개되었을 리 없다. 오히려 창업 아이디어의 시장규모를 인터넷에서 찾을 수 있는 것이 더 심각한 문제다. 그 시장규모를 쉽게 찾을 수 있다면 창업자의 아이디어를 누가 먼저 실행하고 있는 것이 아닐까? 아니면 이미 경쟁제품과 서비스가 존재하는 것이다. 경쟁이 있다면 독점도 하기 어렵다. 따라서 성공가능성도 낮다.

창업 아이디어의 시장규모는 창업자가 직접 추정하는 것이다. 시장규모를 추정할 때는 현재 확인되는 객관적 근거를 활용하여 성장률을 정하고 목표를 정하여 시장을 추정한다. 개발제품이나 서비스의 수익모델을 보여 주고 제품, 서비스의 판매 목표와 그 근거를 제시한다. 반드시 판매가격, 판매방식, 판매량 예측 등의 논리적인 근거를 제시해야 한다. 세계시장의 규모까지 찾아서 보여 줄 필요는 없다. 국내시장만 예측을 해도 문제없다. 그리고 그 시장규모는 창업자가 생각하는 목표치(목표시장)에 따라 얼마든지 달라질 수 있다.

· TAM(전체시장), SAM(유효시장), SOM(수익시장) 추정방법

목표시장을 정할 때 TAM, SAM, SOM이라는 시장규모 추정방법을 활용하면 좋다. 이 방법으로 목표시장을 예측하면 충분한 논리적 근거가 되고 사업화 가능성을 설명할 수 있다.

TAM(Total Addressable Market)은 전체시장으로 창업 아이디어가 속하는 비즈니스 모델의 바로 전 단계 상위 시장을 말한다. 이 시장규모는 인터넷 검색을 통해 쉽게 찾을 수 있다. 인터넷에서 뉴스나 보고서를 통해 어렵지 않게 찾을 수 있고 그것이 창업자에게는 전체시장(TAM)이 된다. 중요한 것은 조사되어 공개된 시장규모 중에서도 비즈니스와 관련되어 최대한 세분화된 작은 시장을 찾아야 한다는 것이다.

예를 들어 광고시장을 참고로 전체시장을 정의해 보자. 다음 표에 의하면 2020년 기준 광고 전체시장은 12조6284억 원이다. 디지털 광고시장은 5조6250억 원이다. 만약 창업 아이디어가 모바일분야 광고 아이디어라면 이 창업자의 1차적인 전체시장은 디지털 광고시장 중에서도 모바일분야 광고시장인 3조7520억 원이 될 것이다. 이 창업자에게는 12조6284억 원이 전체시장이 아니다. 창업자의 아이디어가 속하는 공개된 시장규모 중에서도 가장 세분화된 시장이 전체시장이 되는 것이다.

구분	매체	광고비(억 원)			성장률(%)		구성비(%)	
		'18년	'19년	'20년(F)	'19년	'20년(F)	'19년	'20년(F)
방송	지상파TV	14,122	11,958	12,200	-15.3	2.0	10.0	9.7
	라디오	2,498	2,319	2,350	-7.2	1.3	1.9	1.9
	케이블/종편	19,903	19,477	19,830	-2.1	1.8	16.3	15.7
	IPTV	1,161	1,239	1,280	6.7	3.3	1.0	1.0
	위성,DMB 등	1,980	1,912	1,858	-3.4	-2.8	1.6	1.5
	방송 계	39,664	36,905	37,518	-7.0	1.7	30.8	29.7
인쇄	신문	14,294	13,997	13,850	-2.1	-1.1	11.7	11.0
	잡지	3,082	2,832	2,687	-8.1	-5.1	2.4	2.1
	인쇄 계	17,376	16,829	16,537	-3.1	-1.7	14.1	13.1
디지털	PC	15,924	17,708	18,730	11.2	5.8	14.8	14.8
	모바일	28,011	32,824	**37,520**	17.2	14.3	27.4	29.7
	디지털 계	43,935	50,532	56,250	15.0	11.3	44.2	44.5
OOH	옥외	3,255	3,583	3,800	10.1	6.1	3.0	3.0
	극장	2,213	2,143	2,200	-3.2	2.7	1.8	1.7
	교통	4,874	4,654	4,600	-4.5	-1.2	3.9	3.6
	OOH 계	10,342	10,380	10,600	0.4	2.1	8.7	8.4
제작		5,731	5,101	5,379	-11.0	5.5	4.3	4.3
총계		117,048	119,747	126,284	2.3	5.5	100	100

(출처: 제일기획, 2020.2)

[2018~2020 매체별 총 광고비]

그런데 만약 창업 아이디어가 모바일 광고시장 중에서도 모바일 배너 광고시장에 속한다면 위 표에서 그 시장을 찾을 수 없다. 이럴 때는 창업자가 그 시장을 직접 추정해야 한다. 모바일 배너 광고시장 관련해서 자료를 찾다 보면 오래되기는 했지만 아래와 같이 2014년 12월 매일경제신문 '응답하라! 모바일 광고'라는 기사에 '국내 모바일 광고 유형별 시장규모'가 나온다.

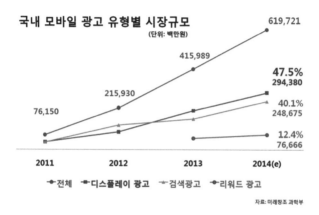

국내 모바일 광고 유형별 시장규모
(단위: 백만원)

619,721

47.5%
294,380

40.1%
248,675

12.4%
76,666

415,989

215,930

76,150

2011   2012   2013   2014(e)

◆전체 ■디스플레이 광고 ▲검색광고 ◆리워드 광고

자료: 미래창조 과학부

(출처: 매일경제신문, 응답하라! 모바일 광고, 2014.12)

[국내 모바일 광고 유형별 시장규모]

이 표에 의하면 모바일 광고시장을 더 세분화하여 배너광고, 검색광고, 리워드광고, 오디오 · 비디오광고, 문자광고로 나뉘고 그에 따른 시장점유율도 나온다. 따라서 앞서 조사된 3조7520억 원의 모바일 광고시장 중에서도 [국내 모바일 광고 유형별 시장규모]표에 나와 있는 **모바일 디스플레이광고 시장규모 47.5%를 곱하면 모바일 배너 광고시장 전체규모를 1조7822억 원으로 추정할 수 있다.** 결국 창업자가 추정한 근거만 확실하다면 그 시장규모를 인정받을 수 있다.

SAM(Serviceable Available Market)은 유효시장으로 창업 아이디어에 대한 핵심시장으로, 창업자가 직접 추정하는 시장이다. 유효시장은 창업 아이디어를 통해 새롭게 정의되는 시장으로 전체시장의 일부다. 유효시장은 신제품으로 매출이 발생될 수 있는 전체시장이다. 창업가 시장을 독점할 수 있는 최대시장이다. 창업자는 유효시장을 개척하기 위해 제품과 서비스를 개발했다. 그 유효시장은 창업자 외에 누구도 신경 쓰지 않았던 시장이기 때문에 시장규모를 조사한 사람도 없다. 지금 이 시장에 관심을 갖고 있는 사람은 창업자뿐이다.

(단위: m$)

구분	2013	2014	2015	2016	2017	2012~2017 (CAGR)
웹 디스플레이	3,075.1	4,206.7	5,725.2	8,373.5	12,109.7	40.2%
앱 디스플레이	3,824.2	5,181.6	6,710.1	8,638.6	10,802.4	31.5%
검색/지도	5,190.9	6,969.0	8,576.1	10,478.6	13,115.4	28.9%
오디오/비디오	801.6	1,408.2	2,283.3	3,368.1	5,531.1	72.6%
SMS/MMS 등	249.7	288.9	311.0	327.5	343.6	10.1%
합계	13,141.4	18,054.5	23,560.7	31,186.3	41,902.2	35.3%

자료: Gartner(2013) (출처: https://habas.tistory.com/, 2014.6)
[세계 모바일 광고 시장 유형별 지출 추이]

유효시장 규모 측정방법은 논리적이고 객관적이어야 한다. 어려운 작업이다. 만약 창업자가 팟캐스트에 활용할 수 있고 '모바일 오디오 광고시장'을 개척할 수 있는 서비스를 개발했다고 가정해 보자. 창업자의 모바일 오디오 광고시장의 전체시장은 [국내 모바일 광고 유형별 시장규모]에서도 확인이 안 된다. 이럴 때는 전체시장을 추정할 수 있는 또 다른 자료를 찾아야 한다. [세계 모바일 광고시장 유형별 지출 추이]라는 표에 오디오/비디오 광고시장을 조사한 자료가 있다. 대부분 비디오 광고시장일 것으로 추정되는데 공신력 있는 기관에서 조사한 자료이기 때문에 이 자료를 근거로 국내 모바일 오디오 광고시장 규모를 추정할 수 있다. **3조7520억 원의 모바일 광고시장에 약 모바일 오디오·비디오 광고시장 12%(2017년 전체시장에서 차지하는 비율)를 곱해 4,502억 원의 규모로 추정할 수 있다.**

이중에서 '모바일 오디오 광고시장'이라는 유효시장을 추정해야 한다. 모바일 오디오 광고는 팟캐스트 광고와 모바일 라디오 광고가 있는데 해당 분야 기사나 인터뷰를 통해 각 사업자들의 연간 매출을 찾아낼 수 있고 그를 근거로 유효시장을 제시할 수도 있다. 때로는 인터뷰를 해야 하고, 보고서를 찾아야 하고, 도서관에서 각종 통계자료 및 정책보고서 등도 찾아봐야 한다. 그렇게 찾아낸 근거로 추정한 유효시장 규모는 신뢰성을 확보할 수 있다. 그리고 향후 사업을 추진할 때에도 시장규모에 대한 기준점을 제시할 수 있어 사업계획 수립과 투자유치 활동에 유용하게 활용된다.

마지막으로 SOM(Serviceable Obtainable Market)은 수익시장이다. 유효시장 안에서 현재창업자의 자원으로 실제 매출이 발생할 수 있는 시장이다. 쉽게 이야기하면 이것이 목표시장이다. 목표시장 점유율은 창업자가 정하면 된다. 예를 들어 1년 차 목표는 유효시장의 10%, 2년 차는 15% 이런 식으로 실제 목표를 정하면 된다. 수익시장의 목표를 정할 때는 마케팅 방안을 언급하는 것이 좋다.

• 시장규모 추정 샘플

실제 사례를 들어 시장규모를 추정방법을 알아보자. 사례가 되는 비즈니스는 치과에 3D 스캐너 및 프린터를 공급하고 3D 구강스캔 데이터를 중앙센터에서 수집하여 치과에서 진행해야 할 보철물 3D 모델링을 대신 처리하고 치기공소에 주문해 실물 보철물을 치과에 직접 배송하는 디지털 덴티스트리 시스템에 관한 것이다. 당연히 처음 시작하는 비즈니스로 시장규모를 추정해야 한다. 시장규모를 예측할 수 있는 객관적 자료는 치과병의원 수와 국내 3D 프린터 산업평균 도입률을 근거로 목표시장 규모를 추정할 수 있다.

매출 항목	계수	2019년	2020년	2021년	2022년	2023년	2024년	2025년
1) 치과병의원 수	연평균 2.44%↑	18,477	18,928	19,389	19,862	20,347	20,844	21,352
2) 3D 프린터 치과병의원 수	연평균 21.4%↑	2,827	3,432	4,166	5,058	6,140	7,454	9,050
		- 2017년 기준 3D 프린터 산업 평균 도입률 8.7% - 2018년 기준 국내 3D 프린팅 산업 평균 성장률 21.4%						
3) 목표 병원 수	영업목표	-	10	57	201	477	885	1,425
4) 이용자 ID 수	영업목표	-	10	64	232	544	1,000	1,600
5) 서비스매출	월0.5백만 원	-	무료	165	1,059	2,277	4,746	7,950
6) 3D 장비 영업대행	10%	-	무료	116	295	565	836	1,107
7) 소모품공급	건당 3만 원	-	-	22	85	204	374	597
8) 기공소수수료	건당 7천 원	-	-	183	290	656	984	1,593
9) 매출합계	-			486	1,729	3,702	6,940	11,247

산출근거

1) 치과병의원 개수

2017년 총 17,607개이며, 연평균 2.44%로 증가 적용

※출처_2017년 건강보험통계연보(한국건강보험심사평가원, 국민건강보험공단 2018.9)

2) 3D 프린터 도입 치과병의원 개수

2017년 기업의 평균 3D 프린터 도입률은 8.7%, 의료/치과 업종이 15.3%(2017년 총 2,694개 병원으로 계산)로 가장 높으나 대부분 치과가 아닌 상급병원으로 추정되어 전체 평균 8.7%로 계산

※출처_2017 3D 프린팅 산업 실태 및 도향조사(정보통신산업진흥원, 과학기술정보통신부 2017.12)

향후 6년간 도입증가율은 국내 3D 프린팅 산업 평균 성장률인 21.4%로 적용하여 계산

※출처_2019 3D 프린팅 산업 진흥 시행 계획(과학기술정보통신부 중심의 관계부처 합동 2019.2.21)

3) 목표고객 수(의원 + 병원으로 연말 누적 목표)

당사에서 목표하는 고객 병원 수(2025년 뒤 3D 프린터 도입병원 15% 점유 목표)

목표고객의 약 90%는 의원, 10%는 병원 목표

1년 차 월별 5개, 2년 10개, 3년 20개, 4년 30개, 5년 40개 영업을 목표로 함)

4) 이용자 ID 수(연말 누적 목표)

의원의 경우 ID 1개, 병원의 경우 ID 2개로 계산하여 누적 목표 설정

상세 내역은 월별, 분기별로 분석하여 5년간 시뮬레이션함

5) 서비스매출(연말 누적 목표)

월별 서비스 ID건수 × 50만 원 월별 계산 및 연도별 누적 값

6) 3D 장비 렌탈 영업대행수수료: 신규 병의원에 공급당 약 2,200만 원 수준으로 수수료는 평균 9.5%

병원 임시보철용 3D 프린터 대당 약 700만 원에 대해서 약 10% 영업대행수수료

병원 3D 스캐너 및 컴퓨터 SET 대당 약 1,500만 원에 대해서 약 9% 영업대행수수료

7) 소모품공급 등

일반 소재공급으로 병원별 월 3만 원 정도의 수익발생

디스플레이 킷 판매수수료: 신규 병원별 월 50만 원 수익발생(신규 가입병원에 한함)

8) 기공소 수수료(3D 데이터 수수료 + 기공소 금속 3D 프린터 공급대행 수수료)

기공소에 3D 데이터를 제공하고 건당 7천 원 수수료, 월 평균 병원당 10건으로 계산

기공소 금속 3D 프린터 영업대행수수료 판매의 20%(분기별 1~3회)

[디지털 덴티스트리 서비스 목표시장 규모 예측]

비용항목(투자)	계수	2019년	2020년	2021년	2022년	2023년	2024년	2025년
1) 치기공사 고용	누적	-	1	1	1	3	7	10
2) 치기공사 인건비	월250만 원	-	15	30	37	82	155	255
3) 3D 모델러 고용	누적	-	1	3	9	15	26	41
4) 3D 모델러 인건비	월220만 원	-	15	122	261	590	1,111	1,826
5) 시스템운영비	소모품포함	-	-	60	85	117	150	183
6) 일반관리인력 고용	누적	-	2	10	12	20	25	29
7) 일반관리 인건비	-	-	-	30	905	1,036	1,706	2,052	2,311
8) 총고용 소계	-	-	-	4	14	22	38	58	80
9) 총인건비 소계	-	-	-	60	1,057	1,334	2,378	3,318	4,392
10) 일반 관리비	-	-	-	60	201	425	1,016	1,800	2,702
11) 비용총계	-	-	120	1,318	1,844	3,394	5,268	7,277
12) 매출합계	-	-	-	486	1,729	3,702	6,940	11,247
13) 영업이익	-	-	-120	-832	-155	308	1,672	3,970

산출근거
1) 치기공사/3D 모델러 채용 및 인건비
치기공사는 보철 3D 모델링 업무를 지시하고 검수하는 역할로 필요. 월 인건비 약 250만 원(5년 후 10명)
3D 모델러는 3D 모델링을 처리하는 SW엔지니어, 월 인건비 약 220만 원(5년 후 41명)

2) 시스템운영비 및 소모품비
사무실내 3D 모델링을 위한 자체 소모품비 및 자체장비 감가상각비

3) 영업인력/영업관리비/일반인력/일반관리비
영업인력 인건비 월 350만 원, 영업관리비는 인건비의 80% 책정
일관관리 임원 인건비 월 800만 원, 중간관리자 월 400만 원, 실무자 월 250만 원, 인건비, 일반인건관리비 80%

4) 일반관리비(연구개발비, 마케팅비, 해외진출 관련비용 포함)
일관관리비, 비품, 건물임대보증금, 건물관리비, 마케팅/연구개발비, 해외마케팅비

[디지털 덴티스트리 서비스 예상 비용 및 영업이익 목표]

① 전체시장(TAM) 추정: 치과병의원 수

치과용 3D 프린터를 살 수 있는 치과병의원 수가 전체시장이다. 먼저 우리나라 치과병의원이 몇 개인지 알아야 한다. 현재 연도 치과병의원 수를 찾기 어렵지만 전년도, 전전년도 치과병의원 수는 찾을 수 있다. 치과협회, 통계청, 보건복지부 등의 자료를 통해 연도별 치과병의원 수를 확인할 수 있다. 2020년부터는 치과병의원 수를 추정해야 한다. 추정하는 방법은 2019년에 늘어난 치과병의원 수만큼 성장률을 곱하면 된다. 약 2.44%가 나온다. 그래서 2020년 치과병의원 수는 18,500개 정도가 된다. 매년 2.44%씩 증가한다고 가정하면 2025년까지 20,000개 정도까지 늘어난다. 아주 간단하게 현재 및 향후 치과병의원 수를 구했다.

이런 방법으로 창업기업 전체시장의 다음 연도 시장을 추정할 수 있다. 이때 유의할 점은 공개된 전체시장 중에서 가장 구체적으로 세분화된 시장을 찾아내 그 시장을 전체시장으로 규정하는 것이다. 치과병의원 수를 구할 때, 일반병원 수를 구하면 안 된다. 치과병의원의 상위 개념이 일반병원인데 일반병원 수는 이 아이디어에 필요 없는 데이터다. 시장규모 예측기간은 기술개발 완료시점을 기준으로 약 5~7년 정도까지 계산하는 것이 좋다. 기술개발 사업계획서는 개발완료 후 5년 후까지 매출을 요구하기 때문에 넉넉히 계산해 두는 것이 좋다.

② 유효시장(SAM) 추정: 치과병의원 중에서 치과용 3D 프린터를 살 것 같은 치과병의원 수 × 3D 프린터 가격

치과병의원 중에서 3D 프린터를 도입할 수 있는 치과병의원 수가 유효시장이다. 2020년 기준으로 치과병의원 수는 18,500개고 2025년 기준으로 약 20,000개가 된다. 모든 치과병의원이 3D 프린터를 도입할 수는 없다. 현재 기준으로 보면 치과병의원에서 3D 프린터를 도입한 곳을 본 적이 없다. 우리 동네도 치과병의원이 5개나 있는데 3D 프린터를 본적도 없고 3D 프린터를 도입했다고 자랑하는 곳도 못 봤다. 당연히 인터넷에서 찾아봐도 그 숫자가 나오지 않는다. 이때부터는 추정을 해야 한다.

먼저, 3D 프린터 관련 시장 자료를 찾아본다. 3D 프린터 시장 산업 평균 도입률을 찾을 수 있다. 2017년 3D 프린터 산업별 도입률 평균은 7.8%이고 이 중 병원은 15%다. 병원은 주로 교육용으로 구입을 한다고 한다. 3D 프린터 산업평균 도입률 7.8%, 병원도입률 15%, 치과병의원도 병원이니 후자를 기준으로 계산하면 18,500개×15%를 하면 2020년 기준으로 약 2,775개 치과병의원이 3D 프린터를 도입했다고 가정할 수 있다. 거기에 2021~2025년까지의 성장률을 곱하면 2025년까지 도입 치과병의원 수를 추정할 수 있다. 위에서 이미 계산한 치과 성장률 2.44% 곱하면 3D 프린터 도입 치과가 거의 늘지 않을 것이다. 따라서 이 수치는 적용할 수 없다. 그래서 찾아낸 것이 3D 프린터 산업 연평균 성장률이다. 2018년 기준으로 우리나라 3D 프린터 산업 평균 성장률은 약 21% 이상이다. 이 성장률을 적용하여 2020년에 2,775개, 2025년에 약 9,000개 치과병의원이 3D 프린터를 도입할 것으로 추정된다. 이것이 이 아이템의 SAM(유효시장)의 기초가 되는 치과병의원 수다. 여기에 3D 프린터 가격을 곱하면 유효시장이 된다. 만약 3D 프린터 가격이 1,000만 원이라면 9,000개×1,000만 원=900억 원 시장이 되는 것이다.

③ 수익시장(SOM) 추정: 상황에 맞게 목표를 정하기

유효시장까지 정했다면 수익시장은 간단하다. 창업자는 자원의 활용률을 정해 목표 점유율을 정하면 된다. 그것이 수익시장이고 목표시장이다. 예를 들어 유효시장(SAM)에서 20%를 차지하는 것을 목표로 하면 2025년에 180억 원이 목표시장이다. 10%를 점유하겠다고 하면 90억 원이 되는 것이고 5%를 점유하겠다고 하면 45억 원이 되는 것이다. 거기에 목표를 선정하게 된 배경을 설명하면 된다.

④ 5년 후 목표시장은 100억 원 정도가 적당

수익시장은 최소 유효시장의 10% 이상을 차지한다는 목표를 세워야 할 것이다. **개발 완료 후 매출이 100억 원 정도 된다면 충분히 가치 있는 아이디어라고 판단할 수 있다.** 매출이 100억 원이라도 원가 및 판매관리비를 제외하면 영업이익은 20% 내외일 것이다. 게다가 법인세 등을 감안하면 당기순이익은 15억 원 내외인데 몇 년을 해야 BEP를 달성할 수 있다. **100억 원이라는 매출목표가 너무 높은 것은 아니다.**

창업자는 시장규모를 추정하는 데 시간을 투자해야 한다. 수익성을 정확히 판단해야 하고 사업계획상 주장을 뒷받침하는 근거로 활용해야 한다.

제4장

합격하는 정부지원 사업계획서 작성 샘플

(1)
예비창업패키지 사업계획서

> • 창업 사업계획서의 표준: 예비창업패키지 사업계획서

예비창업패키지 사업계획서

※ 본문 5페이지 내외(일반현황, 창업아이템 개요 제외)로 작성(증빙서류 등은 제한 없음), '파란색 안내 문구'는 삭제하고 검정색 글씨로 작성하여 제출, 양식의 목차, 표는 변경 또는 삭제 불가(행추가는 가능, 해당사항이 없는 경우 공란으로 유지)하며, 필요 시 사진(이미지) 또는 표 추가 가능

☐ 일반현황

신청 주관 기관 (택 1)					
창업아이템명					
기술분야	*정보·통신, 기계·소재 (* 온라인 신청서와 동일하게 작성)*				
신청자 성명		생년월일	*1900.00.00*	**성별**	*남 / 여*
직업	*교수 / 연구원 / 일반인 / 대학생...*	사업장 설립 예정지	*○○도 ○○시*		
팀 구성 (신청자 제외)					
순번	직급	성명	담당업무	주요경력	비고
1	*대리*	*○○○*	*해외 영업*	*미국 ○○대 경영학 전공*	*채용예정 ('19.8)*
2					
...					

☐ 창업아이템 개요(요약)

창업아이템 소개	※ 핵심기능, 소비자층, 사용처 등 주요 내용을 중심으로 간략히 기재	
창업아이템 의 차별성	※ 창업아이템의 현재 개발단계를 포함하여 기재 예) 아이디어, 시제품 제작 중, 프로토타입 개발 완료 등	
국내외 목표시장	※ 국내 외 목표시장, 판매 전략 등을 간략히 기재	
이미지	※ 아이템의 특징을 나타낼 수 있는 참고사진(이미지) 또는 설계도 삽입	※ 아이템의 특징을 나타낼 수 있는 참고사진(이미지) 또는 설계도 삽입
	<사진(이미지) 또는 설계도 제목>	<사진(이미지) 또는 설계도 제목>

1. 문제인식(Problem)

1-1. 창업아이템의 개발동기

> ※ 국내·외 시장(사회·경제·기술)의 문제점을 혁신적으로 해결하기 위한 방안 등을 기재

○

　-

　-

○

　-

　-

1-2 창업아이템의 목적(필요성)

> ※ 창업아이템의 구현하고자 하는 목적, 국내·외 시장(사회·경제·기술)의 문제점을 혁신적으
> 로 해결하기 위한 방안 등을 기재

○

　-

　-

○

　-

　-

2. 실현가능성(Solution)

2-1. 창업아이템의 개발·사업화 전략

> ※ 비즈니스 모델(BM), 제품(서비스) 구현정도, 제작 소요기간 및 제작방법(자체, 외주), 추진일정 등을 기재

○

-

○

-

< 사업 추진일정 >

추진내용	추진기간	세부내용
제품보완, 신제품 출시	2019.0.0. ~ 2019.0.0.	○○ 기능 보완, 신제품 출시
홈페이지 제작	2019.0.0. ~ 2019.0.0.	홍보용 홈페이지 제작
글로벌 진출	2019.0.0. ~ 2019.0.0.	베트남 ○○업체 계약체결
투자유치 등	2019.0.0. ~ 2019.0.0.	VC, AC 등
…		

2-2. 창업아이템의 시장분석 및 경쟁력 확보방안

> ※ 기능·효용·성분·디자인·스타일 등의 측면에서 현재 시장에서의 대체재(경쟁사) 대비 우위요소, 차별화 전략 등을 기재

○

-

○

-

3. 성장전략(Scale-up)

3-1. 자금소요 및 조달계획

※ 자금의 필요성, 금액의 적정성 여부를 판단할 수 있도록 사업비 사용계획 등을 기재
※ '2019년 예비창업패키지 일반분야 청년 예비창업자 모집공고(2019.2.28)' 사업화 자금 집행 항
   목(4페이지)을 참고하여 작성(사업비 세부 집행기준은 최종통과자를 대상으로 별도 안내)

○
  -
  -

○
  -
  -

<사업화자금 집행계획>

비 목	산출근거	금액(원)
재료비	•DMD소켓 구입(00개×0000원)	3,448,000
	•전원IC류 구입(00개×000원)	7,652,000
시제품제작비	•시금형제작 외주용역(○○○제품...플라스틱금형제작)	
지급수수료	•국내 ○○○전시회 참가비(부스임차, 집기류 임차 등 포함	
...		
...		
...		
...		
합 계		

3-2. 시장진입 및 성과창출 전략

3-2-1. 내수시장 확보 방안

> ※ 내수시장을 중심으로 주 소비자층, 주 타겟시장, 진출시기, 시장진출 및 판매 전략, 그간 성
> 과 등을 구체적으로 기재

○

-

3-2-2. 해외시장 진출 방안

> ※ 해외시장을 중심으로 주 소비자층, 주 타겟시장, 진출시기, 시장진출 및 판매 전략, 그간 성
> 과 등을 구체적으로 기재

○

-

4. 팀 구성(Team)

4-1. 대표자 및 팀원의 보유역량

o 대표자 현황 및 역량

※ 창업아이템과 관련하여 대표자가 보유하고 있는 이력, 역량 등을 기재

o 팀원현황 및 역량

※ 사업 추진에 따른 팀원현황 및 역량을 기재

순번	직급	성명	주요 담당업무	경력 및 학력 등	채용시기
1	과장	○○○	S/W 개발	컴퓨터공학 박사	'21. 5
2	대리		해외 영업(베트남, 인도)	○○기업 해외 영업 경력 8년	
3	...		기술개발	○○연구원 경력 10년	

o 추가 인력 고용계획

순번	주요 담당업무	요구되는 경력 및 학력 등	채용시기
1	S/W 개발	IT분야 전공 학사 이상	'19. 11
2	해외 영업(베트남, 인도네시아)	글로벌 업무를 위해 영어회화가 능통한 자	
3	기술개발	기계분야 전공 석사 이상	

o 업무파트너(협력기업 등) 현황 및 역량

※ 창업아이템 개발에 필요한 협력사의 주요역량 및 협력사항 등을 기재

순번	파트너명	주요역량	주요 협력사항	비고
1	○○전자		테스트 장비 지원	~'19.12
2	...			협력 예정

※ '기타 참고자료'와 '가점관련 증빙서류'는 신청 시 제출하여야 하며, '공통서류'와
　 창업사실 확인서류는 서면평가 통과자에 한하여 주관기관 안내에 따라 제출

구 분	목　　록	비고
기타 참고자료	본인의 아이템을 설명하기 위해 필요한 도면, 설계도 등	

가점관련 증빙서류	•**2인 이상(대표자 포함)의 기술기반 예비창업팀(2점)**
	 - 가점 증빙서류 (1) 양식의 '예비창업패키지 팀 창업 신청서'를
	   작성하여 제출
	
	•**신청한 창업아이템과 관련된 특허권·실용신안권 보유자(1점)**
	 - 특허등록원부, 실용신안등록원부
	 * 공고일(2019.2.28.) 이후 발급분에 한함
	
	•**최근 2년('19~현재) 정부 주관 전국규모 창업경진대회**
	　수상자(1점)
	 - 공공데이터 활용 창업경진대회(중기부, 행안부, 국토부 주관)
	   입상실적 증명원 또는 상장사본
	 - 대한민국 창업리그(중기부 주관) 본선 이상 입상실적 증명원
	   또는 상장사본
	 - 지식재산(IP) 정보 활용 아이디어 경진대회 특별상 이상
	   수상실적 증명원 또는 상장사본
		신청 시 제출

공통서류	•**대표자 신분증 사본**(주민등록증·운전면허증·여권 중 1개) * 학생증 불가	서면평가 통과 시 제출
창업사실 확인서류	•**사실증명(총사업자 등록내역)** - 공고일 이후 발급서류 * 발급방법: 국세청홈텍스(hometax.go.kr), 민원증명-사실증명신청 　-'**사실증명(총사업자 등록내역)**' 신청 또는 관할세무서 발급	

* 본 사업계획서 작성 내용과 증빙자료 상의 상이한 부분이 발견되거나 누락 또는
  허위 기재 등의 사실이 확인될 경우 선정 취소, 중기부 창업지원사업 참여제한
  및 사업화자금 환수 등의 불이익이 발생할 수 있음

[예비창업패키지 사업계획서 양식]

창업패키지의 표준 사업계획서는 예비창업패키지 사업계획서다. 예비창업패키지, 청년창업사관학교, 초기창업패키지 등 창업지원사업 사업계획서 양식은 거의 비슷하다. 예비창업패키지 사업계획서 하나만 잘 작성하면 다른 창업지원사업에도 그대로 활용할 수 있다. 또 지자체의 창업지원사업과 창업공모전 사업계획서도 예비창업패키지 사업계획서를 기반으로 작성하면 된다. 창업지원사업에 합격할 때까지 여러 번 신청을 해야 한다. 그때마다 사업계획서를 다시 작성하는데 시간도 많이 걸리고 번거롭다. 따라서 **표준 사업계획서를 한번 작성하고 난 후 보완을 하면서 재활용하는 것이 좋다.**

· 예비창업패키지 사업계획서 항목별 중요도 및 주요특징

쪽	목차		주요사항	중요도
1	사업계획서 목차 안내		사업계획서 제출 시 삭제요망	-
2	실제 작성 항목	창업아이템 요약	가장 중요한 페이지 2~3 페이지로 늘려 쓰는 것이 더 좋다.	50%
3		문제인식	문제점 1~2개, 필요성 3~4개 제시	5%
4		실현가능성	도표 활용, 추진일정 최대한 상세히	5%
5		성장전략	자금소요 계획 최대한 상세히	15%
6		시장진입 및 성과창출 전략	초기시장 침투전략과 해외진출의 꿈	2%
7		팀 구성	최대한 상세히, 전문가 경력 중심	15%
8	증빙서류 안내		사업계획서 제출 시 삭제	-
9	기타 증빙서류		설계도, 디자인, 시나리오 등 제출	5%
10	팀 구성 가점 증빙서류		정해진 양식	-
11	특허 가점 증빙서류		특허출원서 등 지식재산권 제출	1%
12	상장 가점 증빙서류		창업공모전 상장 제시	2%
	합계			100%

[예비창업패키지 사업계획서 항목별 중요도]

창업 사업계획서 1개당 평균 평가시간은 10분 정도 된다. 사업계획서를 정독하는 데 부족한 시간이라 전체를 이해하기 어렵다. 그래서 **평가위원은 창업아이템 요약 부분을 중심으로 본다.** 본문은 요약 부분에 없었던 내용과 설명이 부족했던 부분 위주로 본다. 사업화자금 집행계획과 대표자 이력은 평가위원이 유심히 살펴보는 부분이다. 기타 증빙서류도 평가하는 데 참고한다. 예비창업패키지 사업계획서에서 창업아이템 요약 작성에 있어 주요특징은 다음과 같다.

① 4차 산업분야와 혁신분야[4]창업아이템이 유리하다.

창업자의 아이템이 4차 산업분야라면 예비창업패키지는 합격부터 하고 창업해야 하는 것이 정상이라고 할 만큼 유리하다. 그래서 창업아이템이 4차 산업분야의 개발이 메인이 아니더라도 4차 산업분야와 연계될 수 있는 포인트가 있다면 그것을 강조하여 신청하는 것도 좋은 전략이다. 4차 산업분야가 아니더라도 SW개발, HW개발, 지식서비스, 제조업과 관련되면 예비창업패키지 아이템으로는 괜찮다.

② 창업아이템 요약 페이지는 2~3페이지로 늘려서 작성해도 된다.

창업아이템 요약 부분은 써야 할 항목에 비하여 작성할 공간이 작다. 꼭 그 작은 공간에 맞춰 쓸 필요는 없다. 2~3페이지로 늘려 써도 된다. 창업아이템 요약에서 아이템을 제대로 설명하는 것이 중요하지 분량을 맞추는 것이 중요한 것은 아니다.

③ 본문도 1~2페이지 추가돼도 괜찮다.

사업계획서 본문은 4개 항목 5페이지로 구성돼 있다. 설명을 잘해서 각 항목별로 1페이지 내로 적으면 제일 좋다. 다만 설명이 더 필요할 때는 조금씩 더 써도 괜찮다. 총 페이지 수로는 6~7페이지 정도면 충분하다. 사업계획서 기본 형식에 얽매이지 마라.

---

4 4차 산업분야는 인공지능, 빅데이터, 클라우드, 사물인터넷, 5G, 3D 프린팅, 블록체인, 지능형반도체, 첨단소재, 스마트헬스케어, AR · VR, 드론, 스마트공장, 스마트팜, 지능형로봇, 자율주행차, O2O, 신재생에너지, 스마트시티, 핀테크 등의 20가지 산업을 말한다. 혁신분야는 혁신적인 고기술을 보유하고 전문기술 인력이 대표로 창업하는 분야를 말한다.

④ 가점과 관계없는 '기타 증빙서류' 제출도 중요하다.

사업계획서 증빙서류로 가점서류를 첨부하도록 되어 있다. 팀 창업 신청서, 특허등록증, 창업공모전 상장이 그에 해당된다. **가점이 있으면 좋지만 없다고 해서 크게 걱정할 필요는 없다. 가점이 예비창업패키지 당락을 결정하지는 않는다.** 평가위원은 평가를 할 때 창업자의 가점을 미리 알고 있는 경우가 많다. 가점을 미리 알면 효용이 그만큼 떨어진다. 가점 사업내용의 비중이 훨씬 크다. 따라서 가점사항을 억지로 만들려고 하지 마라. 가점보다는 '기타 증빙서류'가 더 중요하다. 창업아이템 개발과 관련해 지금까지 준비한 내역을 상세하게 보여주는 것이 좋다. 설계도, 이미지, 프로그램 알고리즘, 개발연구노트 등 성실히 준비하고 있다는 것을 보여 줄 수 있는 자료를 3~4페이지 정도 준비해서 첨부해라. 창업 준비를 잘하고 있다는 것을 직관적으로 보여줄 수 있어 매우 긍정적이다.

⑤ 팀 구성원에 대한 자랑은 최대한 많이, 확실하게

팀 구성 (신청자 제외)					
순번	직급	성명	담당업무	주요경력	비고
1	대리	○○○	해외 영업	미국 ○○대 경영학 전공	채용예정 ('19.8)

[팀 구성 작성 부분]

[팀 구성 작성 부분] 예시는 실제 예비창업패키지 사업계획서 양식에 있는 내용이다. 팀원이 대리인데 담당업무는 '해외 영업'이고 주요경력에 학력사항을 썼다. 학력사항도 '한국'이 아닌 '미국 ○○대 경영학 전공'으로 되어 있다. 바람직하지는 않지만, 정부에서 추진하는 창업지원

사업의 공식 배포 양식에 나와 있는 예시가 어떤 것을 강조해야 하는지 알려 주는 것이다. 팀원의 능력도 중요하다. 우선 팀으로 창업하는 게 유리하고 개발, 기획 또는 마케팅(영업) 담당 인력이 있으면 더 좋다. **특이한 것은 팀원의 학력도 중요한 경력이 될 수 있다는 것이다. 구체적으로 출신 대학교를 적어도 된다.** 중소벤처기업부 기술개발 사업계획서에는 참여연구원 현황을 적는 칸이 없다. 하지만 창업 사업계획서에서는 팀 구성 자체가 매우 중요하다. 따라서 팀 구성원을 설명할 때 한 줄만 작성하지 말고 자랑할 수 있는 것을 최대한 많이 써서 사업화 성공가능성이 높다는 것을 보여 줘야 한다.

(2)
창업아이템 요약 작성 샘플

예비창업패키지 사업계획서

☐ 일반현황

신청 주관 기관 (택 1)							
창업아이템명							
기술분야		정보·통신, 기계·소재 (* 온라인 신청서와 동일하게 작성)					
신청자 성명			생년월일		1900.00.00	성별	남 / 여
직업		교수 / 연구원 / 일반인 / 대학생...	사업장 설립 예정지		○○도 ○○시		
팀 구성 (신청자 제외)							
순번	직급	성명	담당업무		주요경력		비고
1	대리	○○○	해외 영업		미국 ○○대 경영학 전공		채용예정 ('21.6)
2							

☐ 창업아이템 개요(요약)

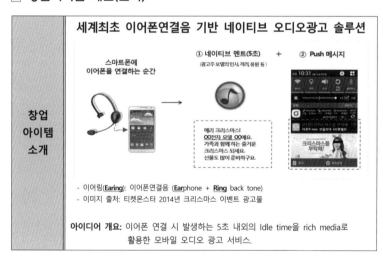

세계최초 이어폰연결음 기반 네이티브 오디오광고 솔루션

스마트폰에 이어폰을 연결하는 순간

① 네이티브 멘트(5초) + ② Push 메시지
(광고주 모델의 인사, 격려, 응원 등)

메리 크리스마스!
○○전자 모델 ○○예요.
가족과 함께 하는 즐거운
크리스마스 되세요.
선물도 많이 준비하구요.

- 이어링(Earing): 이어폰연결음 (Earphone + Ring back tone)
- 이미지 출처: 티켓몬스터 2014년 크리스마스 이벤트 광고물

아이디어 개요: 이어폰 연결 시 발생하는 5초 내외의 Idle time을 rich media로 활용한 모바일 오디오 광고 서비스.

창업 아이템 소개	**창업아이템 동기(배경 및 필요성)**: 모바일 오디오 광고라는 신시장을 창출하고 글로벌 선점을 위한 모바일 네이티브 오디오 광고 서비스 ① 하루 1,600만 명이 약 4,800만 번 이어폰 이용(이용자의 40%가 하루 평균 3회) ② 이어폰 연결 후 유휴시간(Idle time) 약 10초, 누구에게나 매일 발생 ③ 이 유휴시간은 누구에게나 발생하는 새로운 Rich media (뉴미디어) ④ 국내 모바일 광고는 해외기술의 카피캣, 국내기술로 모바일 광고 서비스 분야 해외 진출 사례가 없음(해외 진출 가능)

창업 아이템의 차별성	구분	항목	내용
	차별성 독창성	니치마켓	이어폰 연결기반의 "모바일 네이티브 오디오 광고"라는 새로운 틈새시장
		新리치미디어	하루평균 **4,800만회**에 달하는 이어폰 연결 유휴시간(약 **10초**)을 오디오 광고+Push 광고를 제공할 수 있는 새로운 리치미디어로 활용
		블루오션	**국내 연간 2,300억원(세계시장 45억$)**에 달하는 거대한 신규 시장창출
		Captive Audience	일부로 피할 수 없는 The only pathway(길목형)형 광고채널 개발
	글로벌 경쟁력	특허	2014년 국내 기술특허출원 완료. 올 6월까지 해외 4개국 특허 출원 진행
		독점 비즈니스	특허, 빠른 실행을 통한 독점 비즈니스로 글로벌 진출 가능
		빠른 시장 장악	매체앱 실행기준이 아닌 설치기준 광고노출로 500만건 이상 다운로드를 기록한 소수매체(20개내외)제휴만으로 전체시장을 커버하는 시장장악력
		시장 검증	세계최고의 베타서비스 시장은 우리나라에서 오늘 **5월 SBS고릴라앱**(700만 DL)을 통해 상용 오픈베타서비스를 실시하여 시장검증 후 해외진출
	B티기술 경쟁력	네트워크형 SDK	가입자 확보에 시간과 비용이 많이 드는 자체앱 개발 방식이 아닌, 이미 많은 가입자를 확보하는 여러매체에 동시 적용할 수 있는 SDK방식 적용
		bargaining power	소수의 매체만이 참여하여 전체 시장의 파이를 나누는 관계로 서비스를 비즈니스의 협상력이 매체사가 아닌 기술개발사에 집중
		타겟팅 기술	그동안 모바일 광고에서 없었던 이용자 설치앱 유무기준으로 타겟팅 및 매체앱 타겟팅 기능, 매체사별 이용자 정보기준 타겟팅을 위한 API 제공

국내외 목표시장	**(1) 국내 시장규모: 건당 20원, 인당 하루 2회 광고 노출 기준 시** 참고: 모바일배너광고 1위 사업자인 Daum의 2013년 모바일배너광고 전체 매출 약 300억원(Ad@m포함) **日평균 1,600만명 이용시 年 최대 2,300억원 시장 창출** (2016년 **일평균 400만명** 이용시 **연간 최대 576억원** 시장 창출) (아래 표) **(2) 신규시장 창출 및 산업에 미치는 효과**

이용자수	일일 1회 광고노출		일일 2회 광고노출					
	일일 1회 광고노출		월 매출 규모		월 매출 규모		년 매출 규모	
	노출수	매출	노출수	매출	노출수	매출	노출수	매출
50만명	50만건	1000만원	100만건	2000만원	3000만건	6억원	3.6억건	72억원
100만명	100만건	2000만원	200만건	4000만원	6000만건	12억원	7.2억건	144억원
200만명	200만건	4000만원	400만건	8000만원	1.2억건	24억원	14.4억건	288억원
400만명	400만건	8000만원	800만건	1.6억원	2.4억건	48억원	28.8억건	576억원
1000만명	1000만건	2억원	2000만건	4억원	6억건	120억원	72억건	1440억원
1600만명	1600만건	3.2억원	3200만건	6.4억원	9.6억건	192억원	115.2억건	2304억원

※ 15초 오디오 광고 TrueListen(CPLP: Cost Per Listen & Push) 단가: 20원, 하루 최대 1인당 2회 광고 노출 기준

(2) 신규시장 창출 및 산업에 미치는 효과

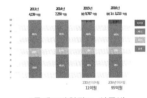

[국내모바일광고 상품별
점유율/전망]

1) 신규시장의 창출(모바일 오디오 광고)
모바일 검색, 배너, 보상 광고로 3분되어 있는 시장에 모바일 오디오 광고라는 새로운 카테고리의 시장을 창출. 2015년 11억원, 2016년 95억 원, 2017년 177억 원으로 연평균 90% 성장.

2) 파급효과 (최초의 성공적 해외 진출)
2015년부터 국내의 독보적인 지위 확보. 모바일 광고 서비스 분야에 있어서 국내최초로 해외진출. 세계 모바일 오디오 광고 시장 선점.

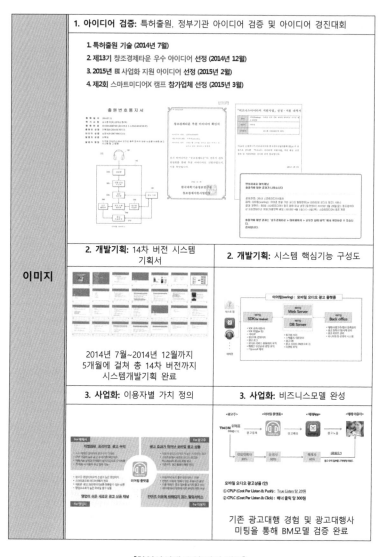

[창업아이템 요약 작성 샘플]

• 창업아이템 요약 작성법

① 창업아이템 소개: 과제명, 개요도, 아이디어 정의, 배경 및 필요성
과제명은 3단/4단 구조, 핵심은 차별화 가능한 문구

창업아이템 소개는 0.5~1페이지 정도로 쓰면 된다. 작성 내용은 4가지로 과제명, 개요도, 아이디어 정의, 배경 및 필요성으로 구분하여 작성한다. 이미 정부지원 사업계획서 4단계 전개 방식에서 설명했다.

과제명은 아이디어를 쉽게 이해시키고 호기심이 생길 수 있도록 정해야 한다. 과제명은 폰트 크기 16~18포인트, 볼드체로 쓴다. 될 수 있으면 과제명에 '국내최초, 세계최초'라고 넣어 우수성을 강조하고 가장 차별화된 설명 문구를 넣어 완성한다. 예를 들어 '세계최초 이어폰연결음 기반 네이티브 오디오 광고 솔루션'으로 3단/4단 구조 과제명을 만들면 아래와 같다.

순번	구분	내용	3단 구조	4단 구조
1	~위한	~용, ~위한	-	해외 진출을 위한
2	'최초'	국내/세계	세계최초	세계최초
3	핵심차별화 (※핵심)	~하는, ~되는	이어폰연결음 기반	이어폰연결음 기반
4	사업 분야	~제품, 시스템, ~서비스	네이티브 오디오 광고 솔루션	네이티브 오디오 광고 솔루션

[과제명 정하기 3단/4단 구조]

과제명 구조에서 1, 2, 4번은 일반적인 내용이다. 중요한 것은 3번 '핵심 차별화'를 나타내는 문구다. 위에서 핵심 차별화 문구는 '이어폰연결음 기반'이다. '이어폰연결음'은 이 과제의 중요한 아이디어로 처음 만들어 낸 단어다. 말 그대로 이어폰을 연결할 때 나오는 배경음이 '이어폰연결음'이다. 확실히 차별화가 되어 주목받게 된다.

1번의 경우 '~를 위한', '~용'으로 구체적으로 쓸 수 있는데 필요 없으면 빼도 된다. 1번을 넣으면 4단 구조 과제명이 되고 1번을 빼면 3단 구조 과제명이 된다. 2번은 국내최초, 세계최초 둘 중 하나만 쓰면 된다. 혁신형 창업을 할 때는 반드시 남들과 다른 차별화 포인트가 있어야 한다. 아이디어를 검증하는 과정에서 최초가 아닌 것을 발견하면 다시 고민해야 한다. 그것을 검증할 수 없으면 아이디어가 아니라 단순히 꿈인 것이다.

3번이 핵심이다. 최초이고 차별화된 내용을 구체적으로 설명할 수 있는 문구다. 창업 아이디어의 핵심이 되는 내용이다. 이 문구는 창업자 스스로 찾아내야 한다. 4번의 경우 가장 쉽다. '~시스템, ~서비스, ~제품, ~솔루션' 등 아이디어가 속한 업종의 대표 분야를 쓰면 된다.

개요도, 아이디어 정의, 창업 동기, 배경 및 필요성

앞서 설명한 정부지원사업 사업계획서 전개 방식에 따라 작성하는 것이 가장 바람직하다. 개요도는 개념도, 구성도, 서비스 흐름도 등 여러 가지로 표현할 수 있다. 창업 아이디어를 이해할 수 있는 어떠한 형태의 그림이면 된다. 샘플은 이용자 관점에서 서비스 흐름을 간단하게 표현한 것이다. 개요도에는 정답이 없다. 제품과 서비스에 따라 표현하는 방법이 다르다. 창업자가 자신 있는 방법을 택하면 된다. 그림 아래에 아이디어 설명을 쓴다. 보통 2~4줄 정도로 설명하면 되는데 너무 길면 읽기도 어렵고 복잡하니 길게 쓰지 않는다. 개요도와 함께 아이디어 설명을 읽었을 때 더 이해하기 쉽다. 아이디어의 가능성과 추구하는 목표에 대해 거창하게 써도 된다.

② 창업아이템의 차별성: 표, 전문용어, 기술적 · 사업적 측면, 특허

이 부분도 이미 정부지원 사업계획서의 4단계 전개 방식에서 설명했다. 차별성을 설명할 때는 주로 표와 같은 형태로 구분하여 쓰면 이해하기 쉽다. 차별성은 독창적이고 잘난 것을 말한다. 다른 것들보다 우월하고 좋은 점을 나열해야 한다. 1개의 차별화 포인트가 핵심이 되겠지만 그것을 기술적, 사업적으로 세분하면 여러 가지가 나올 수 있다. 여러 가지 장점을 많이 쓰고 되도록 그 분야에 전문용어를 사용하여 설명하는 것이 좋다. 위 표에서 보면 니치마켓[5], 리치미디어[6], 블루오션, 캡티브 오디언스[7]라는 용어가 있는데 광고업계 종사자라면 알겠지만 일반인이 보면 생소한 용어다. 광고에 대해 전문성이 있음을 보여 줄 수 있다. 창업자가 전문성이 있다면 더 신뢰가 가는 것은 당연하다. 기술적 차별성을 설명하고자 할 때는 특허출원 내용에서 발췌하여 쓰면 좋다. 그리고 특허출원을 했다고 자랑해야 한다. 사업적 차별성은 어떻게 문제점을 해결하는지, 그것이 얼마나 시장이 큰지, 선점이 가능한지, 시장 검

5　니치마켓 niche market: 유사한 기존 상품이 많지만 수요자가 요구하는 바로 그 상품이 없어서 공급이 틈새처럼 비어 있는 시장. (출처: 네이버 사전)

6　리치미디어 rich media: 그래픽이나 플래시 기술 따위를 적용하여 기존의 오디오와 비디오에 역동적이고 다양한 정보를 양방향으로 제공하는 미디어를 이르는 말. (출처: 네이버 사전)

7　캡티브 오디언스 Captive Audience: 싫지만 듣지 않을 수 없는 청중 (라디오 · 확성기를 장치한 버스의 승객 등), 어쩔 수 없이 듣고 있는 청중. (출처: 네이버 사전)

증이 되었는지 등 사업적 측면에서의 장점을 정리한다.

③ 국내외 목표시장: TAM, SAM, SOM 활용하기

이 부분은 추가로 다시 작성할 필요가 없다. 앞에서 설명한 시장규모 추정방법인 TAM, SAM, SOM 추정방법을 통해 추정한 향후 5년 매출 목표를 그대로 활용하면 된다.

④ 이미지: 지금까지 준비한 것을 자랑하기

이미지가 중요하다. 개발하고자 하는 제품이나 서비스를 연상할 수 있는 최고의 이미지를 찾아 넣어야 한다. 형태가 있는 제품이라면 그것을 보여 줘야 한다. 설계도면, 아이디어 스케치 등 여러 가지 자료를 활용할 수 있다. 특허등록, 특허출원이 되었다면 특허출원서, 특허등록증을 보여 줘야 한다. 샘플과 같이 SW 시스템 등 지식서비스라면 플로우차트, 알고리즘, 기획문서, UI, 시스템 구성도, 비즈니스모델 이미지 등 지금까지 준비한 것을 1페이지 이내로 보여 주는 것이 좋다. 이 페이지에서 창업자가 아이디어 실현을 위해 실제 노력하고 준비했음을 보여 줘야 한다.

이로써 예비창업패키지 사업계획서 '창업아이템 요약' 페이지 작성이 완성된다. 사업계획서에서 팀 구성을 제외하고 모든 내용을 핵심적으로 설명했다. **평가위원은 창업아이템 요약만 읽어 보고 합격시킬 것인지 탈락시킬 것인지 80% 이상 결정할 것이다.**

(3)
창업 사업계획서 본문 작성 샘플

· '문제인식' 작성 샘플

1. 문제인식(Problem)

1-1. 창업아이템의 개발 동기

o 모바일 광고시장 성장 이면의 문제

모바일 광고 시장이 급격히 성장하면서 다양한 광고 사업자가 참여하여 양적으로 성장을 하고 있으나, 그 성장 이면에는 아래와 같은 문제가 발생하고 있음. 차별성 없는 모바일 광고 상품으로 무한경쟁을 하다 보니 자연스럽게 광고 단가 경쟁으로 이어져 수익성이 악화되고 더 많은 광고를 노출하다 보니 고객 거부감이 증가하고 광고 효과가 떨어지는 현상이 발생하고 있음.

참여자	문제의 핵심	문제점 순환구조
광고 사업자	무한경쟁으로 수익성악화	광고 시장의 급속한 성장 → 많은 사업자 → 차별성 부재/무한경쟁 → 광고 단가하락 → 수익성 악화
광고 매체사	수익성악화 및 고객거부감증가	수익성 악화 → 더 많은 광고노출 → 고객 거부감/피로도 증가 → 고객이탈 → 매체 위협 → 수익성 악화
모바일 광고주	낮은 광고효과 및 의구심증가	작은 화면 → 주목도 낮음/허수클릭률(40%)/체리피커 → 광고비 증가 → 광고효과 낮음 → 의구심/불만

[모바일 광고 성장 이면의 모바일 광고 참여자 측면의 문제점]

o 현재 모바일 광고업계의 해결방안 광고시장 전체 파이를 키우는 데 역부족

모바일 광고업계에서는 네이티브 광고와 정교화된 트래킹 솔루션을 통해 고객에게 좀 더 거부감 없이 광고를 노출하는 해결방안을 개발하고 있음. 이러한 해결방안은 그동안 양적으로 성장한 모바일 광고 산업을 질적으로 발전할 수 있는 계기가 되었음. 하지만 네이티브 광고와 트래킹 솔루션도 기존의 모바일 배너 광고의 효과 증대를 위한 솔루션으로, 모바일 광고시장 전체 파이를 키울 수 있는 새로운 유형의 모바일 광고 상품이라고 볼 수 없다는 것이 한계임.

o 광고 솔루션보다는 '새로운 광고 서비스 필요': 모바일 오디오 광고

국내에서도 네이티브 광고, 트래킹 솔루션 등 기존 모바일 광고 서비스의 효과 증대를 위한 기술개발에 투자하는 것도 중요하겠지만, 지금 더 중요한 것은 솔루션보다는 모바일 광고 시장의 전체 파이를 키우고, 국내 특허기술을 이용한 서비스로 해외 진출도 가능한 '차별화된 새로운 유형의 모바일 오디오 광고 서비스'를 개발하여 모바일 광고 산업 활성화에 기여하는 것이 더 중요함.

o 연간 2,304억 원 규모의 새로운 모바일 오디오 광고 시장 창출
스마트폰에서의 오디오 광고는 팟캐스트 음원 파일에 오디오 광고를 삽입하는 형태와
라디오 앱 청취 시 방송되는 오디오 광고가 있으나 일반적으로 기존 라디오 광고의
추가 노출 정도에 그치고 있음. 최근 무료 뮤직스트리밍 앱이 등장. 모바일 오디오 광
고라는 새로운 시장을 창출할 것으로 기대.

1-2. 창업아이템의 목적(필요성)
우리의 기술이 모바일 광고 서비스 분야에서만큼은 세계적 기업들과 차별화되거나 경
쟁력을 갖추지 못해 해외 기술을 모방한 모바일 광고 서비스가 주류를 이루고 있었는
데 국내기술로 '모바일 네이티브 오디오 광고'라는 새로운 시장을 창출하여 국내 모바
일 광고 산업을 진흥하고, 해외 진출을 통해 국가 경쟁력 제고.

순번	필요성	상세 내용
1	모바일 오디오 광고라는 **신시장 창출**	- 모바일 네이디브 오디오 광고라는 새로운 시장 창출 - 리치미디어를 활용한 주목도 높은 새로운 프리미엄 광고
2	빠른 상용화 및 국내 광고 산업의 **시장규모 확대**	- 국내 모바일 광고 산업의 규모를 키우는 Key 서비스 - 연간 최대 2,300억 원 규모의 시장 형성
3	국내기술로 모바일 광고 서비스 **해외진출**	- 국내독자기술(특허)로 개발된 플랫폼과 비즈니스모델 - 국내 서비스 성공을 통한 빠른 해외 진출

[모바일 오디오 광고 사업화의 필요성]

o 혁신적인 새로운 모바일 광고 서비스 개발 필요
기존의 무료 스트리밍 앱, 리워드 형 뮤직플레이어 앱, 팟캐스트 앱, 라디오 앱 등은
별도의 서비스 앱을 개발하여 자체의 비용으로 회원을 모집하고, 또 매체사가 자체적
으로 광고 영업을 진행하여 광고를 수집하고 난 뒤 회원이 앱을 실행하여 광고에 반
응할 때 수익을 창출할 수 있는 방식인 데 비하여, **이어폰 연결 기반 모바일 오디오
광고 서비스는 기존의 네트워크형 모바일 광고 서비스와 마찬가지로 매체사가 오디오
광고 SDK를 탑재하기만 하면 매체사가 직접 광고 영업을 할 필요가 없고 매체 앱의
실행과 관계없이 이용자가 이어폰을 꽂는 순간 오디오 광고가 송출되고 광고 수익이
발생되는 모델로 매체사가 쉽게 참여할 수 있고 매체 앱의 자체 서비스를 전혀 방해
하지 않는 것이 특징.**

o 해외 진출 목표
모바일 오디오 광고 분야라는 차별성과 이어폰 연결을 기반으로 하는 독창적 광고를
기반. 기존 배너 광고 시스템과 개념이 유사하여 이해가 쉽고 매체 적용이 용이하고
명확한 비즈니스모델과 수익모델을 갖고 있기 때문에 충분히 해외 진출이 가능함.

[문제인식 작성 샘플]

문제인식 부분은 창업아이템 개발 동기와 개발 필요성 부분으로 구성되어 있다. 창업아이템 개발 동기는 위 샘플과 같이 현재의 2~3가지 문제점, 해결방안, 시장규모를 제시하면 된다.

　문제점은 사업계획서 분량 때문에 창업아이템 요약 부분에서는 설명하지 못했다. 대신 본문에서 문제점을 상세하게 설명한다. 문제점이 비교적 크고 심각하다고 쓰는 것이 좋다. 그래야 해결할 가치가 있는 것이다. 샘플에서는 서비스 프로세스에서 구조적으로 문제가 발생함을 보여주고 있다. 구조적인 문제는 심각한 것이다. 구조적 문제를 해결하지 않으면 결국 시스템은 폭발한다. 따라서 구조적 문제를 제시하면 심각성이 높아 보인다. 두 번째는 시장 규모에 대한 문제다. 신규시장을 창출하면 경쟁이 덜하고 수익성이 좋아지는데 그것을 고민하지 않고 레드오션 시장에서만 티격태격하고 있으니 이것 또한 근본적으로 해결해야 할 문제로 인식된다.

　이런 샘플을 통해 창업자도 현재의 문제점을 도출하고 해결방안을 제시해야 한다. 그 해결방안이 결국 창업자가 개발하는 기술과 서비스다. 해결방안에서는 개념만을 설명하고 상세한 개발 내역은 다음 페이지인 '실현가능성'에서 설명한다. 창업아이템의 목적은 위와 같이 간단한 표로 설명하면 좋다. 당연히 문제점을 해결해야 되는 것이고, 그것이 거대한 신규시장을 창출하고 독창적이고 경쟁력이 있어서 해외 진출이 가능하다고 쓰면 좋다. 국내시장의 일정 부분을 독점할 수 있고 시장 확대를 통해 다양한 부분에 파급효과가 발생할 수 있다고 설명하는 것도 좋다. 만약 사업계획서를 작성하면서 써야 할 항목이 생각나지 않거나 어려우면 앞의 샘플을 활용하여 작성해도 된다.

2. 실현가능성(Solution)

2-1. 창업아이템의 개발·사업화 전략

o 세계최초의 이어폰 연결음을 기반으로 하는 모바일 오디오 광고 시스템 개발
스마트폰에 이어폰 연결 후 실행할 앱을 선택하기 위해 내비게이션 하는 준비 시간이
약 10초(이하, '대기시간'이라 함) 내외임. 이용자가 이어폰은 귀에 꽂고 있는 상태에
서 주목도가 매우 높은 이 대기시간을 모바일 오디오 서비스 채널(새로운 Rich
Media)로 활용. 이어폰을 이용할 때 뉴스, 날씨, 인사, 생활 정보, 네이티브 광고
(Native AD) 등 짧은 오디오 멘트와 관련 push 메시지를 전달.

o 서비스 제공방법: 제휴(매체) 앱에 이어링 광고SDK를 탑재하여 서비스 제공
이어폰을 연결할 때 자동으로 오디오 멘트 또는 네이티브 광고가 고객에게 송출될 수
있도록 이어링(earing) SDK를 개발하여 제휴 매체에 탑재하고, 업데이트하면 이용자
대상으로 오디오 멘트 서비스가 제공됨.

o 힐링멘트(네이티브광고) 송출: 아침/저녁 시간대에 힐링멘트, 오후에는 광고
아침 출근/등교 시간과 늦은 저녁 귀가 시간에 이어폰을 꽂을 때는 이용자에게 힘이
되는 인사, 격려, 위로 등의 오디오 힐링멘트를 제공하고 그 외 시간에 네이티브 오디
오 광고를 전달함. 하루 1인 최대 3회까지만 이어링 콘텐츠 노출.

o 비즈니스모델 = 매체사:대행사:운영사 = 40%:30%:30%

광고단가: True Listen CPLP 당 20원
※ CPLP (Cost Per Listen & Push)

[이어링 비즈니스모델]

이어링 비즈니스모델은 일반적인 모바일
배너 광고 비즈니스와 동일함. 그림과 같
이 이어링 SDK를 탑재한 제휴 앱을 통
해서 고객에게 네이티브 오디오 광고가
노출되면 건당 20원 광고비가 발생함.
매체사, 대행사, 운영사가 각각
40%:30%:30%로 광고수익 공유

[사업 추진일정]

추진내용	추진기간	세부내용
아이템기획, 특허출원	'19년 1월~'19년 6월(과거)	- 3개월간 아이템기획, 아이템관련 업계 관계자 의견 수렴, **특허출원(1020140087562)** - 창업아이디어 경진대회, 창업교육 참여
시스템개발기획	'19년 7월~'19년 12월(과거)	- 최종 14차버전 시스템개발기획완료 - 테스트용 서버시스템 구축완료 - 개발, 기획, 디자이너 인력 확보
베타개발, 테스트	**'20년 1월~'20년 3월(현재)**	**- 시스템프로토타입 개발 완료** **- 내부베타테스트 완료/보완/수정 진행**
시스템 상세 개발	'20년 4월~'20년 8월	- 전체기능설계, 광고실행 알고리즘 설계 - SDK기능정의구현, 광고DB설계, 서버API, 광고 리포트, 광고 서버 설계 및 구현, 광고관리자
제휴 및 영업, 마케팅	'20년 9월~'20년 12월	- 모바일광고 앱, 라디오 앱, 폰 꾸미기 앱, 동영상 앱, 포인트 앱, 생산성 앱 등 제휴 추진
오픈베타진행	'21년 1월~	- 상용오픈베타 최소 6개월 진행 - 시스템 효과 검증 완료

2-2. 창업아이템의 시장분석 및 경쟁력 확보방안

○ 세계최초로 적용되는 모바일 네이티브 오디오 광고 시스템이라는 차별성 확보

구분	내용
창의적 리치미디어 활용	이어폰 연결 후 10초의 대기시간을 리치미디어로 활용한 광고시스템
국내외 특허출원	국내외 특허출원 완료
이용자 거부감 최소화	자연스러운 광고를 위해 '힐링멘트' 적용, 노출 횟수 제한, SKIP 기능 지원
매체 방해 없는 적용	매체 앱의 화면변경 필요 없이 손쉬운 SDK 적용, 매체 실행과 관계없는 서비스
네이티브 오디오 광고	힐링멘트라는 기본 콘텐츠를 활용한 네이티브 오디오 광고

[아이템의 독창성·신규성·차별성]

○ 사업화 기술의 핵심 경쟁요소

니치마켓/블루오션	**최초의모바일 네이티브 오디오 광고 서비스**, 년간 2,300억원(세계 70억$)
새로운 리치 미디어	**이어폰연결음 이라는 새로운 매체**, 오디오+Push 형태의 복합 미디어
Catpive Audience	**아무도 피할 수 없는 광고**, The only pathway (유일한 길목)형 광고
독점서비스	국내특허출원, PCT 출원 및 해외 주요 10개국 특허 출원 예정
효과 검증 완료	**광고의 청취 완료율 80%** [2] **CTR 11% 모바일 배너 광고 28.9배 (평균 0.38%** [3]**),**
빠른 제휴 및 시장 장악	소수의 매체(10개)만 참여하여 전체 시장 커버, 네트워크형 플랫폼, 4~5배 수익
협상 주도권 확보	**소수의 매체만 선착순으로 제휴 (초기 제휴 우선 순위에 따라 이용자 확보)**
차별화된 타켓팅 기술	이용자 특정 설치앱 포함/제외 타켓팅, **시간대별, 제휴매체별 타켓팅**

[실현가능성 작성 샘플]

실현가능성 부분은 개발·사업화 전략과 시장분석 및 경쟁력 확보방 안에 대해서 설명해야 한다. 개발방안은 이미 창업아이템 요약에서 작 성한 개발서비스 개요를 다시 한번 상세하게 설명하는 것이다. 개요의 내용을 보완하고 부연 설명하면 된다. 서비스나 제품에서 특별히 차별 화되고 독특한 부분을 한두 가지 찾아서 그것을 기술적으로 설명해 준 다. 그리고 비즈니스 모델을 설명해 준다. 비즈니스 모델은 위 그림과 같이 표현해서 최대한 수치로 표현해서 작성해 주는 것이 좋다. 마지막 으로 [사업 추진일정]에서는 과거, 현재, 미래로 나누어 해당 내용을 작 성한다. 세부 내용은 상세하게 적고 그 내용을 읽어 봤을 때 사업의 준 비가 많이 되어 있다고 느낄 수 있도록 해야 한다. 샘플을 보면 '3개월 간 아이템 기획'이라는 내용이 있다. 별 내용이 아닌 것 같지만 '아이템 기획'보다는 '3개월간'이라고 실제 기획한 기간을 설명해 주기 때문에 더 믿음을 줄 수 있다. 사업 추진 일정을 대충 건너뛰어도 되는 정도로 생 각하고 한 줄로 작성하는 것보다는 과거와 현재 그리고 미래의 업무를 상세하게 적어 놓으면 훨씬 좋은 평가를 받을 수 있다.

아이템의 시장분석 및 경쟁력 확보방안 부분에서는 다른 제품이나 서 비스보다 우수한 점을 적으면 되는데 기술적 측면 위주로 쓰는 것이 좋 다. 다만 기술적인 우수성을 찾아내는 것이 쉽지 않다. 그때는 사업적 측면에서 우수성 위주로 쓰고 상세 설명을 통해서 기술적인 내용을 부연 설명하는 것이 좋다.

- **'성장전략' 작성 샘플**

3. 성장전략(Scale-up)

3-1. 자금소요 및 조달계획

o **현재 보유한 자기자본 활용**
- 현재 창업을 위해 모아 둔 1,000만 원으로 창업 초기 필요한 자금 집행
o **청년창업지원금 등 정부정책지원 통한 자금 확보**
- 창조경제혁신센터 등 창업사업화 지원사업에 지원하여 사업화지원 자금 확보
- 인건비 지원사업 신청: 일자리안정자금, 청년추가고용장려금 등 지원
o **중소벤처기업진흥공단 청년창업자금, 기술보증기금 기술평가보증 대출 (1억 원)**
- 지역 중소벤처기업진흥공단 및 기술보증기금 방문하여 대출상담 진행
o **엑셀러레이터, 엔젤투자 유치는 계속 진행 (투자설명회 참여)**
- K스타트업, 창조경제혁신센터 홈페이지 통해 투자유치설명회 정보 수집

< 사업화자금 집행계획 >

비 목	산출근거	금액(원)
인건비	•팀원1 홍길동 240만 원 × 10개월 = 2,400만 원 - 시스템개발, 제품개발, 설계 담당 •팀원2 이순신 240만 원 × 10개월 = 2,400만 원 - 마케팅, 기획, 사업화전략 담당	48,000,000
외주용역비	•제품(서비스) 앱용 디자인 1식 외주비 = 400만 원 - 1개월간 작업완료조건, 시안 3건, 모바일 웹 퍼블리싱 포함 •모바일 웹, 안드로이드 앱 코딩, 서버 및 DB 개발 =1,600만 원 - 4M/M 투입 * 500만 원 = 2000만 원 중 400만 원 할인 - 1년간 유지보수 조건 포함, 서버임대포함, 추가 개발 3건 포함	20,000,000
기계장치	•개발용 PC 1세트 300만 원 × 1세트 = 300만 원 (SW포함) •개발용 노트북 1세트 300만 원 × 1세트 = 300만 원 (SW포함) •개발 테스트용 스마트폰 중고 50만 원 × 2EA = 100만 원	7,000,000
무형자산 취득비	•특허출원 150만 원 × 1건 = 150만 원 (관납료 포함) •상표출원 30만 원 × 1건 = 30만 원 (관납료 포함) •프로그램 등록 20건 × 2건 = 20만 원	2,000,000
지급수수료	•사무실 임대비 50만 원 × 9개월 = 450만 원 •멘토링비 30만 원 × 10회 = 300만 원 - 기술개발자문, 사업화(마케팅)자문, 정부지원사업 자문 •**회계감사비: 50만 원 × 1회 =50만 원 (필수)**	8,000,000
광고선전비	•인스타그램 마케팅 100만 원 × 3회 = 300만 원 (3만 명 이상) •페이스북 마케팅 100만 원 × 2회 = 200만 원 (2만 명 이상) •블로그 마케팅 30만 원 × 10회 = 300만 원 (100건 이상) •팟캐스트 오디오 광고 진행 1회(10회 노출) 200만 원	10,000,000
창업활동비	•**창업활동비 50만 원 × 10개월 =500만 원 (필수)**	5,000,000
합 계		100,000,000

3-2. 시장진입 및 성과창출 전략

3-2-1. 내수시장 확보 방안
o 개발완료 후 무료 서비스 진행, 그리고 1년 후 매출 목표: 18억 원

제휴매체순위		예상이용자 (천 명)	연간 광고건수 (천 건)	연간광고비 (천 원)	순매출 (천 원)	현재 상황
1	SBS○○○	1,000	150,000	1,500,000	450,000	제휴완료
2	○○○DMB	1,000	150,000	1,500,000	450,000	1차 제안
3	팟캐스트	200	30,000	300,000	90,000	메일 제안
4	두○○○	500	75,000	750,000	225,000	구두협의
5	솜○○	300	45,000	450,000	135,000	-
6	MBC○○○	1,000	150,000	1,500,000	450,000	1차 제안
합계		4,000	600,000	6,000,000	1,800,000	

[기술개발 후 1년간 국내外 주요 제휴처와 목표 매출]

o 광고주 확보를 위한 미디어렙사 제휴 완료
광고 영업대행사 제휴 전략: 영업대행수수료 최대 30% 지급 제안, 업계 최고 수준
사업 초기에는 많은 제휴사보다는 소수의 제휴사에 집중하여 서비스 제공하는 것이
바람직함. 현재 다음과 같이 두세 군데 광고 관련 논의를 진행하고 있음.

구분	대상업체	특징	제휴조건	비고
미디어렙사	나스○○○	국내 디지털미디어 광고 대행 1위사업자	30%	매체만 확보되면 광고 집행 가능 1차 미팅완료
모바일광고대행사	에스앤디○○○ 엠클라우드○○○	모바일 쇼핑/커머스 광고 관련 1위 대행사	30%	

[모바일 광고 대행사 contact 현황]

3-2-2. 해외시장 진출 방안
국내 사업의 성공적 론칭 후 1년간 사업 진행 후 본격적으로 해외 진출 추진.
o 해외 특허출원을 통한 지식재산권 확보
- PCT출원보다 중국, 미국, 일본 3개국에 직접 특허출원, 약 1,500만 원 소요 예상
- 관련하여 지역지식재산센터 IP지원사업을 통해 지원가능. 현재 변리사 멘토링 중
o 글로벌 창업지원사업 조사 및 신청 / 해외 엑셀러레이팅 프로그램 활용
- K스타트업 글로벌 창업지원사업과 지역창조경제혁신센터 글로벌 지원사업 활용
- 중국 엑셀러레이팅 지원사업, 실리콘밸리 KIC 스타트업 지원사업 활용 등
- 코트라 해외 진출 사업 활용
o 해외 사업제안을 위해 서비스, 제품에 3가지 언어 추가(영어, 중국어, 일본어)
- 시스템 자체, 언어별 매뉴얼, 사업소개서, 브로슈어 제작

[성장전략 작성 샘플]

창업자가 솔직히 돈이 어디 있나? 그래서 사업계획서를 작성한다. 자금을 조달하는 방법은 약간의 자기자본(1,000만 원 내외, 모아 둔 돈이 많아도 그걸 굳이 크게 자랑할 필요는 없다.), 창업지원금, 창업자금대출, 투자유치 4가지다. 자금소요 및 조달계획에서는 이 4가지에 대하여 간략하게 정리하면 된다.

자금소요 및 조달계획에서는 양식 내에 있는 표 [사업화자금 집행계획]이 중요하다. 정부에서 창업지원금을 주었을 때 어떻게 쓸 것인지 계획을 제출하는 것인데 많은 예비창업자들이 이것을 대충 쓴다. 그런 사업계획서는 신뢰도가 떨어진다. 구체적으로 써라. 설명을 구체적으로 하고 계산식도 넣는다. 예산 총액은 최대 지원금액에 맞추라. 최대 지원금액이 1억 원인데 5,000만 원만 쓰는 창업자도 있는데 굳이 적은 금액을 넣는다고 해서 유리한 것은 아니다. 나중에 최종 합격통보를 받을 때 대부분 지원금액이 깎인다. 그러니 최대한 높게 신청하는 게 좋다. 사업화자금 집행계획 표 왼쪽 상단에 총 10가지 비목이 있다. 비목의 종류에 따라 산출근거를 작성하면 된다. 사업계획서 양식에는 해당 '비목'의 정의 및 사용방법에 대해서 정확히 나와 있지 않다. 그래서 다음과 같이 [예비창업패키지 창업기업 사업비 집행 기준]을 제시했으니 참고하여 작성하기 바란다.

구분	비목	창업 사업비 집행기준
직접 비용	재료비	• 시제품을 제작하는 데 소용되는 재료 및 원료
	외주용역비	• 외부업체(사업자등록증 등록업체)에 의뢰 · 제작하는 비용 • 외주 전문 업체는 1년 이상 경험 보유
	기계장치 (공구 · 기구 · 비품 · SW등)	• 사업화를 위해 반영구적으로 이용 가능한 기계, 설비, 비품 • 개인용 PC, 노트북, 사무용복합기, OA기기, 범용 SW도 구입 가능
	특허권 등 무형 자산 취득비	• 창업과 관련 있는 지식재산권(산업재산권, 특허출원 및 등록비, SW등록 저작권)을 출원 · 등록하는 실 소요비용
	인건비	• 창업기업 소속직원 인건비, 4대보험료 회사부담금 포함 (대표자 제외) • 소득이 없었던 신규직원의 월 최대 인건비: 제조업 월 2,264천 원, 지식서비스 월 2,490천 원
	지급수수료	• 기술이전비: 창업아이템과 직접 관련 있는 기술이전비(법으로 보장 되는 이전) • 학회(세미나)참가비: 참가비, 등록비 • 전시회(박람회)참가비: 참가등록비, 부스임차비, 장치비, 통역비 • 시험 · 인증비: 제품, 시스템, 기업 인증에 소요되는 비용 • 멘토링비: 전문가로부터 자문 및 멘토링 받는 비용, 멘토링비 1인 1일 평균 3시간 30만~50만 원 책정하여 집행 • 기자재임차비: 1개월 이상 사용할 수 있는 기기, 장비 임대비 • 사무실임대료: 창업공간 월 임대료 (사업자등록증 주소지) • 운반비, 보험료, 보관료 • 법인설립비: 온라인법인설립시스템(www.startbiz.go.kr)을 이용 하여 법인설립 • **회계감사비: 회계감사보고서 50만 원 필수 계산**
	여비(해외)	• 해외 출장에 사용되는 이동수단 비용 항공료 또는 선박료
	교육훈련비	• 4대보험 가입된 임직원의 기술 및 경영교육 이수(완료) 시 집행비용
	광고선전비	• 홈페이지 제작비, 홍보영상, 홍보물제작, 포장디자인, 배너광고 등 마케팅에 소요되는 비용 ※마케팅 대행을 통한 마케팅 홍보는 '외 주용역비'로 집행
간접 비용	창업활동비	• 매월 50만 원 필수 계산
공통		• 비교견적서: 2,000만 원 이상 거래하는 경우 제출 필요

[예비창업패키지 창업기업 사업비 집행 기준]

내수시장 확보방안은 제품이 완성되었을 때의 '초기시장 침투전략'을 제시해야 한다. 초기시장에 침투하기 위해서 수익모델, 가격, 매출목표, 이익률을 제시하고 누구에게 제품을 팔 것인지를 명시하고 현재까지 진행사항을 설명한다. 위 샘플에서는 제휴 매체 영업현황과 광고주 영업현황을 구체적으로 제시했다. 혹시 아이템이 해외고객을 타겟으로 한다면 해외 진출계획을 상세하게 제시해야 한다. 현재 영업이 진행 중이거나 추진된 사항이 있다면 그것도 적는 게 유리하다. 그러나 예비창업자 대부분은 국내사업도 버겁다. 평가위원도 이 정도는 감안하여 평가하기 때문에 너무 걱정할 필요는 없다. 다만 해외 진출계획이 없더라도 해외 진출을 위한 꿈이라도 적어야 점수를 받을 수 있다. 없다고 안 쓰면 안 된다.

· '팀 구성' 작성 샘플

4. 팀 구성(Team)

4-1. 대표자 및 팀원의 보유역량

o 대표자 현황 및 역량

구분	시기	내용	주요 역량
학력	2006~ 2010	○○대학교 전자공학과 학사	① SW전공, 경진대회 3회 입상 ② 해외 SW개발연수, 인턴 참여
	2011~ 2014	○○대학교 ○○대학원 석사	① 관련분야 전문가, 석사학위 취득 (지도교수:○○○) ② ○○ 프로젝트 참여, 목표달성 ③ 창업프로그램 교육 이수, ○○프로그램 개발 론칭
경력	2015~ 2017	(주)○○○ 연구소 연구원	① ○○, ○○, ○○ 프로그램 개발 참여 ② ○○분야 전문가
	2017~ 2019	(주)○○○ 개발팀 대리	① ○○, ○○, ○○ 프로그램 개발 참여 ② ○○분야 최고 전문가
기타	2019~	창조경제혁신센터	창업교육이수 1회, ○○기술 교육과정 이수
		특허출원	현재 창업아이디어 ○○○ 특허출원
		SW프로그램 등록	○○프로그램 개발하여 저작권 등록
		창업경진대회	○○해커톤 대회 참여 입상

o 팀원현황 및 역량

순번	직급	성명	주요 담당업무	경력 및 학력 등	채용 시기
1	과장	○○○	S/W 개발, 기술개발 CTO 역할	① 컴퓨터공학 박사 ② ○○연구원 경력 10년 ③ ○○프로그램 전문가, 담당	'20.5
2	대리	×××	해외 영업(베트남, 인도) CMO 역할	① ○○기업 해외 영업 경력 8년 ② ○○프로그램 담당자 경험 ③ ○○대학원 석사	'20.5

o 추가 인력 고용계획

순번	주요 담당업무	요구되는 경력 및 학력 등	채용 시기
1	S/W 개발	IT분야 전공 학사 이상	'21.8
2	해외 영업(베트남, 인도네시아)	글로벌 업무를 위해 영어회화가 능통한 자	'21.8

o 업무파트너(협력기업 등) 현황 및 역량

순번	파트너명	주요역량	주요 협력사항	비고
1	○○전자	제품 및 서비스 테스트	테스트 장비 지원	'21.9
2	(주)○○	제품구매력	테스트 제품 구매	'21.9

[팀 구성 작성 샘플]

예비창업패키지 사업계획서의 '대표자 역량과 팀 구성' 부분이 의외로 중요하다. 최대한 창업자와 팀원의 능력이 잘 부각되도록 써야 한다. 학력, 경력, 자격증 등 이력서에 쓰는 것처럼 쓰면 되는데 자랑을 많이 해라. 어떤 스킬이 있고 어떤 경험을 했는지가 중요하다. 경험이 많으면 많을수록 좋다. 학사보다는 석사가, 석사보다는 박사가 더 전문가다. 석사나 박사라면 연구실에서 참여한 프로젝트까지 나열하면서 전문가임을 알릴 필요가 있다. 해외에서 공부한 경험이나 해외에서 프로젝트 참여한 경험, 언어 능력도 충분히 좋은 내용이다. 교내외 창업경진대회, 창업동아리 등 활동 내역도 괜찮다. 직장 생활을 하면서 창업아이템과 유사한 업종을 경험했다면 굉장히 중요한 포인트가 된다.

샘플처럼 작성하고 중요한 부분은 볼드체와 빨간색 밑줄 등으로 강조한다. 팀원 역량도 마찬가지다. 팀원 역량은 정해진 표에 내용을 입력해야 하는데 대표자처럼 역량을 많이 쓸 수 있다면 칸을 늘여서 써야 한다. 표에 있는 형식대로 쓸 필요는 없다. 팀 구성에서 보여 줘야 하는 것은 '우리가 잘났다!'라는 것이다. 몇 줄만 쓰고서는 그 내용을 다 설명하기 어렵다. 팀원의 역량도 대표자의 역량과 같이 최대한 많이 쓰고 창업아이템과 관계되는 역량은 반드시 자랑해야 한다.

추가 인력 고용계획은 1~2명이 적당하다. 비워 놓지 마라. 사업계획서를 작성하는 순간에는 현재 있는 팀 구성만으로 사업추진이 가능하다고 생각할 수 있다. 그런데 사업이 잘되면 3명으로만 할 수는 없다. 사업이 안 되면 3명도 많다. 사업계획서는 사업이 잘 된다고 주장하는 것인데 고용이 없으면 모순이다. 사업이 잘 되어도 추가 고용이 필요 없을 수도 있다. 그래도 추가 인력 고용계획에는 1~2명 정도 써 주는 것이 좋다. 정부지원사업은 고용 창출을 매우 중요한 평가요소로 여긴다.

업무파트너(협력기업 등) 현황 및 역량도 최대한 많이 써야 한다. 예비창업자에게 거래업체가 어디 있겠나? 당연히 없다. 그럼 무엇을 적어야 하나? 대표자나 팀원의 경력과 경험으로 향후 거래 가능한 업체가 있을 것이다. 창업아이템과 관련하여 협력할 수 있다고 생각하는 기업이 있다면 모두 쓸 수 있다. 계획이고 예정이다. 아무것도 안 쓰면 계획도 없고 예정도 없는 것 아닌가? 당장의 것이 아닌 나중에 협력할 수 있는 역량을 적어도 된다.

• 가점 및 추가 증빙서류

가점서류 3가지와 참고자료를 포함해서 4가지를 제출할 수 있다. 가점서류는 예비창업패키지 팀 창업 신청서(2점), 특허권·실용신안등록원부(1점), 최근 2년 중앙정부 주관 전국규모 창업경진대회 입상실적증명원(1점) 등 3가지이고 최대 가점은 4점이다. 팀 창업 신청서는 팀 창업일 경우에 제출하면 되고 나머지는 자료가 있으면 제출해라.

창업아이템을 설명하기 위해 필요한 도면, 설계도 등도 참고자료다. 사업계획서에서 추가 설명하고 싶었던 자료를 최대한 많이 넣어서 평가위원의 이해를 도와야 한다. 가점서류로 인정받지 못했던 특허출원서와 중앙정부가 아닌 지역 단위 창업경진대회 입상실적도 참고자료에 넣을 수 있다. 서비스 시나리오, 알고리즘, 제품디자인, 도면, 시스템 구성도, DB 테이블, UI 기획자료 등 사업설명서 및 소개서로 작성한 PPT 자료 중에서 설명하기 좋은 이미지 자료도 참고자료가 될 수 있다. 형식에도 구애받지 않으니 얼마나 좋은가? 10페이지까지 추가해도 상관없다. 참고자료를 통해 창업자가 사업화를 위해 준비를 많이 했고 어느 정도 성과를 달성하고 있으며 역량이 충분하다는 것을 확실히 증명해야 한다. 참고자료는 평가위원 상세하게 읽지 않고 훑어보기 때문에 참고자료별 제목을 큰 볼드체로 쓰고 이미지 자료를 추가하는 형태로 작성하면 된다.

이상으로 예비창업패키지 사업계획서 작성법을 설명했다. 창업아이템 요약 부분이 제일 중요하다. 나머지 본문은 형식에 맞춰 작성하고 특히 팀 구성에 있어서 대표자와 팀원의 역량을 구체적으로 설명하여 신뢰를 받는 것이 유리하다고 하였다. 마지막으로 가점은 크게 중요하지 않으니 가점이 없어도 실망할 필요가 없고 오히려 참고자료를 통해서 그동안 창업아이템과 관련해 진행해 온 결과물을 보여 주는 것이 중요하다.

(4)
기술개발 사업계획서 샘플

· 기술개발 사업계획서의 표준: 창업성장기술개발사업 사업계획서

Part II: 문서파일 작성 후 업로드 (신청절차 中 3단계)

※ 참고사항 및 작성요령(주석포함)은 제출 시 삭제

참고사항

신청 구비서류 중 '사업계획서'는 기업의 서류 작성부담 완화를 위해 부득이 작성분량(15P 이내)을 제한

창업성장기술개발사업 사업계획서

I. 기술성

1. 개발기술 개요 및 필요성

  o
  –
  .
  .

작성요령

  o 개발대상기술(또는 제품)의 기본개념 등 제시하고 문제점과 전망 등에 관하여 기술하고
    이에 따른 기술개발의 필요성을 서술

2. 개발기술의 독창성 및 차별성

  o
  –
  .
  .

작성요령

  o 개발대상기술(또는 제품)의 독창성, 신규성 및 차별성 등을 기존기술(제품) 및 세계수준과
    의 비교를 통해 구체적으로 서술
  o 수행기업이 국가연구개발사업 수행(지원) 이력을 보유한 경우, 기 수행한(지원 받은) 과
    제와의 차별성을 과제별로 명확하고 세부적으로 제시

3. 기술개발 준비현황

3.1 선행연구 결과 및 애로사항

○

3.2 지식재산권 확보·회피 방안

○ (지식재산권 확보·회피방안)

○ 특허정보넷 키프리스(www.kipris.or.kr)에 입력한 문장
－ 예시) 임플란트 치유 지대주 기능을 가진 디지털 하이브리드 소재 어버트먼트개발

<표> 개발대상 기술(제품, 서비스 등) 관련 지식재산권

지식재산권명	지식재산권출원인	출원국/출원번호
① 치과용 임플란트 픽스처	(주)우리회사	한국/102009×××
② 디지털 힐링 어버트먼트	홍길동	한국/101535××××
③ 선가공 일체형 완소결 지르코니아 블록	(주)중소기업	한국/102018××××

* 본 기술/제품과 직접적 경쟁관계에 있거나 선행특허에 해당되는 국내·외 기관·기업의 지식재산
　권 관련내용을 기입

○ (기술유출 방지대책)

4. 기술개발 목표 및 내용

4.1 기술개발 최종목표

ㅇ

<표> 성능지표 목표 및 측정방법

< 주요 성능지표 개요 >

주요 성능지표[1]	단위	최종 개발목표[2]	기술개발 전 수준	세계최고수준 또는 수요처 요구수준[3] (해당기업)	전체항목에서 차지하는 비중[4](%)	평가방법[5]
Nozzle Gap	μm	○○μm 이하	○○μm	70μm((주)○○○○)	40	공인 시험·인증기관
압력	Psi	○○Psi 이상	○○Psi	1,000Psi((주)○○○○)	30	자체평가 수행 후 입회시험평가 수행
Contamination	%	○○% 이하	○○%	0.001%((주)○○○○))	20	공인 시험·인증기관
나노입자 크기	nm	○○nm 이하	○○nm	60nm((주)○○○○))	10	외부기관 의뢰

※ 수행기관 자체 측정 지표 사유
ㅇ 예) (성능지표 1) . . .

< 시료 정의 및 측정방법 >

주요 성능지표	시료정의	측정시료 수[6] (n≥5개)	측정방법[7](규격, 환경, 결과치 계산 등)
Nozzle Gap	초고압 분산기의 분사 노즐의 gap size	5	일반 상온 및 대기 조건에서 초고압 분산 노즐의 gap size를 3차원 측정기를 이용하여 측정 (정밀도 ○○μm 이내)
압력	나노 분말의 분산 시 가해지는 압력	5	일반 상온 및 대기 조건에서 초고압 분산기의 노즐을 통해 분사 되는 시료의 압력으로 측정은 자체평가 수행 후, 입회시험평가를 수행
Contamination	최종 분산 후 분말의 불순물 함량	5	XRF 또는 XRD를 이용하여 불순물의 정성분석 실시 후 ICP 분석을 이용하여 불순물의 정량 분석 실시
나노입자 크기	초고압 분산 및 분급 후 분말의 입자의 크기	5	나노입자를 분석하기 위해 투과전자현미경을 이용하여 나노입자의 크기 를 분석(○○nm 이하)하는 것으로 외부기관(학교, 연구기관)에 의뢰

※ 시료수 5개 미만(n<5개) 지표 사유
ㅇ 예) (성능지표 1) . . .

* 주1) 주요 성능지표는 정밀도, 회수율, 열효율, 인장강도, 내충격성, 자동전압, 응답시간 등 기술개발결과물의 성능판단 기준이 되는 것을 의미하며, 분야별 개발내용에 측정항목을 구체적으로 제시
* 주2) 최종 개발목표는 '특정목표값 이상(min)' 또는 '특정목표값 이하(max)'의 형태로 표현
* 주3) 사업화 성공 측면에서 목표수준으로 할 수 있는 세계최고수준 또는 수요처의 요구수준 등 타당한 기준을 제시
* 주4) 가중치는 각 주요 성능지표의 최종목표에 대한 상대적 중요도를 말함(가중치의 합은 100이 되어야 함)
* 주5) 평가방법은 ① 공인 시험·인증기관, ② 외부기관 의뢰, ③ 수요기업 평가 중 하나를 기재하며 ①~③이 모두 불가한 경우에만 수행기관 자체평가(주관기관·참여기업·위탁기관) 여부를 기재하고 사유 명시
* 주5)-1 수행기관 자체평가 시 시험결과보고서에는 시험참여자(과제책임자 포함), 시험목적, 시험대상품 및 시험장비, 구성, 시험방법 및 절차, 시험결과를 반드시 포함
* 주6) 시료 수는 '시험평가 결과의 신뢰성' 확보를 위해 최소 5개 이상이어야 하며, 5개 미만 시 사유 기재
* 주7) 측정방법은 가능하면 공인규격상의 시험검사방법을 기재(예: KS○○○규격, 공인시험인증기관 등), 측정환경을 기재. 불가한 경우 객관적인 평가방법을 제시하여야 하며, 측정 규격(표준, 규정, 매뉴얼 등)을 기재
* 주8) 서비스 분야 R&D 등 성능목표 제시가 곤란한 과제의 경우 시장평가(최종소비자단 평가, user 수 달성, 고객만족도 달성 등)로 성능목표 대체 가능

4.2 기술개발 내용

<주관기관 개발내용>

    o
    o

<참여기업(위탁연구기관) 등의 개발내용> (해당시)

    o
    o

4.3 수행기관별 업무분장

※ 주관기관, 참여기업, 수요처 위탁연구기관, 외주용역처리 등별로 담당업무를 명기

수행기관	담당 기술개발 내용	기술개발 비중(%)
주관기관		
참여기업		
위탁연구기관		
외주용역처리		
총 계		100%

* 수행기관은 기술개발 추진체계에 포함되어 있는 기관으로 상기의 표를 감안하여 작성요망
* 외주용역처리란 주관기관이 추진체계에는 없지만 목업(mock-up) 등 외부 업체를 활용하는 경우를 의미함
* 기술개발 비중이란 전체 기술개발내용을 100%로 하였을 경우에 각 수행기관에서 담당한 업무의 비중을 의미함

4.4 세부 추진일정

세부 개발내용	수행기관 (주관/참여 /수요처/ 위탁 등)	기술개발기간												비고
		1	2	3	4	5	6	7	8	9	10	11	12	
1. 예) 계획수립 및 자료조사														
2. 예) 설계도면 작성														
3. 예) 진공펌프 설치														
4. 예) 전체시스템 구성														
5. 예) 시제품 설계도면 작성														
6. 예) 시제품 제작														
7.														
8.														
9.														
10.														

5. 연구시설·장비보유 및 구입현황

구 분		시설 및 장비명	규 격	구입 가격* (백만 원)	구입 년도	용 도 (구입사유)	보유기관 (참여형태)
기보유 시설· 장비 (활용가능 기자재 포함)	자사 보유						(주)우리회사 (수관기관)
							자기개발(주) (참여기업)
		소계					
	공동장 비활용						
		소계					
신규 확보가 필요한 시설· 장비	임차						
		소계					
	구입						
		소계					

* 구입가격은 부가가치세 포함 가격임

Ⅱ. 사업성

1. 사업화 목표

(단위: 백만 원, %)

사업화 성과	세부 성과지표	( )년 (개발종료 해당년)	( )년 (개발종료 후 1년)	( )년 (개발종료 후 2년)	( )년 (개발종료 후 3년)	( )년 (개발종료 후 4년)	( )년 (개발종료 후 5년)
기업 전체 성장	예상 총매출액(A)						
개발기술의 사업화 성과	예상 연구개발결과물 제품 매출액(B)						
	연구개발결과물 제품 점유비율(C) (C=(B/A)*100)						

작성요령

o 사업화 목표의 정의 및 작성 요령

- 사업화 목표: 기술개발을 통한 기업의 전체적인 성장 및 개발기술의 사업화 성과를 객관적·체계적으로 평가·관리하기 위한 지표로서, <u>선정평가, 사업화 성과 확인 및 경상 기술료 산정·납부 시 근거자료로 활용</u>

- 예상 총매출액(A): 기술개발을 통한 기업의 전체적인 성장 등 파급효과를 판단하기 위한 자료로, 기술개발종료 및 종료 후 5년간 기업의 총매출액 목표(추정치)를 제시

- 예상 연구개발결과물 제품 매출액(B): 개발기술의 실시(사업화)를 통한 직접적인 매출 성과를 판단하기 위한 자료로, 기술개발종료 및 종료 후 5년간 기술개발결과물을 실시하여 발생하는 매출액 목표(추정치)를 제시

  * 연구개발결과물이 서비스 등 제품이 아닌 경우는 연구개발결과물을 활용하여 발생한 상품 매출액을 제시

- 연구개발결과물 제품 점유비율(%)(C=B/A): 해당연도 예상 연구개발결과물 제품 매출액이 예상 총매출액에서 차지하는 비중으로 <u>선정평가, 사업화 성과 확인 및 경상 기술료 산정·납부 시 근거자료로 활용</u>

  * 예상 총매출액(A)과 예상 연구개발 결과물 제품매출액(B)은 점유비율(C)의 구체성, 타당성을 확인하는 수치로 활용

1.1 사업화 목표 산정 근거

사업화 성과	세부 성과지표	산정근거	참고자료명
매출액 등 기업 전체 성장	예상 총매출액		예시) 기존 제품별 매출현황 및 성장 추이
개발기술의 사업화 성과	예상 연구개발결과물 제품 매출액		예시) 중소기업 기술로드맵

ㅇ 예상 총매출액 산정근거: 예상 연구개발결과물 제품 매출액, 예상 연구개발결과물의
기존 제품 매출증가(또는 감소)에 미치는 영향 등 기술개발을 통한 기업의 전체적인
성장가능성을 종합적으로 고려하여 제시하되, 목표 산정의 타당성 확인을 위해 기존
제품별 매출현황 및 성장 추이 등 객관적 자료를 참고자료로 제시

ㅇ 예상 연구개발결과물 제품 매출액 산정근거: 목표시장의 규모 및 성장성, 주요판매처별
판매예상금액, 주요경쟁사와의 차별성, 가격 경쟁력 및 시장진입가능성 등을 종합적
으로 고려하여 제시하되, 목표 산정의 타당성 확인을 위해 시장조사보고서 등 객관적
자료를 참고자료로 제시

1.2 사업화 실적

사업화 품목명 (사업화 연도)	품목 용도	품질 및 가격경쟁력	수출 여부	판매채널 (온·오프라인)
		예) 제품 단가가 ××국가 경쟁기업 ××사 대 비 10% 낮아 가격경쟁력이 있고 품질은 세 계시장에서 유사한 수준으로 평가됨	수출	작성 예) 베트남 현지 ×× 에이전 시 활용

※ 주관기관에서 연구개발 결과물을 활용하여 만들어 낸 산출물(제품, 서비스 등)에 대한 과거 사
업화 실적제시 (내수, 수출 모두 포함되며 판매 주력 산출물을 중심으로 최근 5년 이내 실적
제시)

1.3 국내·외 시장규모
※ 객관성 있는 산출근거를 바탕으로 개발대상의 기술(제품)에 대한 시장규모를 제시
※ 단, 시장규모 파악이 어려운 경우 표를 생략하고 관련사례, 소비자 조사결과, 뉴스, 해외시장
조사 보고서 등 관련 자료를 발췌(출처 명기)

(단위: 억 원)

구 분	현재의 시장규모(20 년)	예상 시장규모(20 년)
세계 시장규모		
국내 시장규모		
산출 근거	예시) 중소기업 기술로드맵	

1.4 국내·외 주요시장 경쟁사
※ 본 기술/제품과 직접적 경쟁관계에 있는 국내·외 기관·기업의 제품 등을 명기

경쟁사명	제품명	판매가격 (천 원)	연 판매액 (천 원)

2. 사업화 계획

2.1 제품화 및 양산, 판로개척

○ (제품화)

○ (양산)

○ (판로개척)

<표> 기술개발 후 국내·외 주요 판매처 현황

판매처	국가 명	판매 단가 (천 원)	예상 연간 판매량(개)	예상 판매기간(년)	예상 총 판매금 (천 원)	관련제품

* 본 기술(제품·서비스) 개발완료 후 판매 가능한 판매처를 명기, 수요량은 파악이 가능할 경우에만 작성
* 관련제품의 경우 본 기술(제품·서비스) 개발 완료 후 판매될 제품을 명기하되, 판매처에서 원부자재로 사용되는 경우 최종 제품 명기

2.2 사업화를 위한 후속 투자계획

구 분	( )년 (개발종료 해당년)	( )년 (종료 후 1년)	( )년 (종료 후 2년)	( )년 (종료 후 3년)	( )년 (종료 후 4년)	( )년 (종료 후 5년)
사업화 제품명						
투자계획(백만 원)						

* 기술개발 결과물의 양산 및 마케팅비용 등 개발 완료 후 사업화를 위해 추가적인 투입이 예상 되는 금액의 연간 총액을 기재

3. 고용유지 및 고용창출 계획

o

o

o

<표> 고용 현황 및 향후 계획

구 분	( )년 (기술개발 전년)	( )년 (개발종료 해당년)	( )년 (개발종료 후 1년)	( )년 (개발종료 후 2년)
신규고용(명)				
상시고용(명)				

* 주1) 기술개발 전년은 최근 원천징수이행상황신고서를 기준으로 기입, 자료는 현장평가 시 확인

[디딤돌창업과제 사업계획서 양식]

창업패키지처럼 기술개발 사업계획서도 표준이 되는 사업계획서가 있
는데 중소벤처기업부 창업성장기술개발사업 디딤돌창업과제 사업계획
서다. 창업성장기술개발사업도 창업지원사업 중에 하나인데 창업보다
는 기술개발에 더 중점을 두고 있다. 기술개발사업은 정부지원금도 훨
씬 많다. 보통 1.5억 원에서 많게는 6억 원 정도까지 지원한다. 창업자
는 반드시 창업성장기술개발사업에 신청해야 한다. 또 창업자의 조건에
따라서 지원할 수 있는 세부과제가 다르다. 자세한 사항은 중소기업기
술개발 종합관리사이트(www.smtech.go.kr)에서 확인할 수 있으니 꼭
확인하기 바란다.

• 디딤돌창업과제 사업계획서와 창업 사업계획서 비교

디딤돌창업과제 사업계획서의 목차는 예비창업패키지 사업계획서와 다르지만 요구하는 내용은 유사하다. 예비창업패키지 사업계획서를 작성했다면 대부분 그대로 활용할 수 있다. 창업 사업계획서에 없는 부분은 새로 작성해야 한다. 특히 성능지표가 중요하다.

구분	작성해야 할 항목	창업 사업계획서 비교	중요도
기술성	과제명	동일	
	1. 개발기술 개요 및 필요성	동일	높음
	2. 개발기술의 독창성 및 차별성	동일	높음
	3.1 선행 연구결과 및 애로사항	동일	
	3.2 지식재산권 확보 · 회피방안 〈표〉개발대상 기술(제품, 서비스 등) 관련 지식재산권 기술유출 방지대책	추가 작성 필요	높음
	4.1 기술개발 최종목표 〈표〉성능지표 목표 및 측정방법	추가 작성 필요	높음
	4.2 기술개발내용	추가 작성 필요	높음
	4.3 수행기관별 업무분장(표)	추가 작성 필요	
	4.4 세부추진일정(표)	추가 작성 필요	
	5. 연구시설 · 장비보유 및 구입현황	추가 작성 필요	

사 업 성	1 사업화 목표(표)	동일	높음
	1.1 사업화 목표 산정 근거(표)	동일	높음
	1.2 사업화 실적(표)	추가 작성 필요	
	1.3 국내외 시장규모(표)	동일	
	1.4 국내외 주요 시장 경쟁사(표)	추가 작성 필요	
	2.1 제품화 및 양산, 판로개척 〈표〉기술개발 후 국내외 주요 판매처 현황	동일	
	2.2 사업화를 위한 후속 투자계획(표)	동일	
	3. 고용유지 및 고용창출 계획 〈표〉고용 현황 및 향후 계획	추가 작성 필요	높음

[디디돌창업과제와 창업 사업계획서 작성 항목 비교]

① 개발기술 개요 및 필요성 샘플I: HW, SW 융합제품

종이 터치센서 기술을 활용해 시니어 친화적인 사용성과 접근성을 제공하는 국내최초 '개인용 치매예방 터치북' 개발

Ⅰ. 기술성

1. 개발기술 개요 및 필요성

[개발기술의 개요]

치매예방이 필요하나 디지털 기기에 익숙지 않은 고령의 시니어를 위해 치매예방 메뉴가 인쇄된 종이에 손가락 터치만으로 혼자 치매예방 콘텐츠를 스마트 디스플레이(TV, 스마트폰, 모니터, 태블릿 등)에서 바로 실행시켜 이용할 수 있고 기초적인 자가테스트까지 가능한 국내최초 개인용(가정용) 치매예방 터치북

종이 터치북 : 치매예방 콘텐츠 전용 컨트롤러
① 치예매방 콘텐츠 + ② 마우스/키보드/리모컨 역할

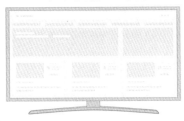

디지털 기기에 익숙하지 않은 시니어를 위해 치매예방 프로그램을 책의 형태로 인쇄된 종이보드를 마우스/키보드/리모컨처럼 활용하여 스마트TV와 연결하여 이용

[고령 시니어가 터치북을 이용해 혼자 치매예방 프로그램을 실행하는 개요도]

[개발기술의 배경] 치매환자의 지속적 증가, '과학기술을 통한 치매국가책임제 지속성 강화'
<관계부처 합동, 2018.11.14.> 국가 치매연구개발 중장기 추진전략

치매국가책임제: 문재인 대통령이 2017년 대선 기간 중 내건 공약으로, 치매 문제를 개별 가정 차
원이 아닌 국가 돌봄 차원으로 해결하겠다는 것이 핵심이다. 2018년부터 중앙치매센터
(http://www.nid.or.kr)를 중심으로 전국 약 200여개 치매안심센터를 통해 치매예방, 진단, 치료관
련 업무를 진행하고 있다.

1) 고령화 등으로 치매 환자 및 치매관리비용이 급속히 증가

① 치매환자 수 '15년 65만 명, '20년 84만 명, '30년 127만 명, 노인인구의 10% 초과전망

② 치매관리비용은 '15년 13.2조 원에서 '30년 34.3조 원으로 증가 예상, 사회적 비용 급증

구 분	2015	2020	2030	2040	2050
치매환자수(만 명)	65	84	127	196	271
치매관리비용(조 원)	13.2	18.8	34.3	63.9	106.5
GDP 대비 비율(%)	0.9	1.3	1.8	2.7	3.8

출처: <중앙치매센터, 2018> 치매국가책임제 홈페이지 추진배경 중
[치매 환자발생 및 관리비용 현황]

③ 국민들은 치매를 가장 우선적으로 극복해야 할 질병으로 인식 – 치매는 환자 및 가족
의 고통이 가장 큰 질병 (설문 응답자의 54.8% 응답, '암'의 경우 14.8%)
<보건복지부, 2017.6.> 1,000명 대상 대국민 설문조사 결과

※ 정부 방안: 돌봄과 의료비 지원만으로 치매의 사회적 비용을 감당하기에는 역부족으로
과학기술을 통해 근원적 해결책을 제시할 필요

2) 글로벌 치매 시장은 빠른 속도로 성장 중이나 근원적 진단·치료법 개발 성공사례는 없
는 상황으로 이를 선점하기 위한 경쟁이 치열

① 알츠하이머 치료제 시장은 연평균 17%('15년 31.1억불 → '24년 126.1억불)

② 진단시장은 연평균 10%('16년 67.7억불 → '22년 120억불) 성장 전망

<관계부처 합동, 2018.11.14.> 국가 치매연구개발 중장기 추진전략(안) 내용 중 알츠하이머병 초기단
계 진단시장 ('14) 128.6억 달러 → ('20) 211.5억 달러(출처: Persistence market research)와
글로벌 치매진단 시장 규모 ('16) 67.7억 달러 → ('22) 120억 달러(출처: Market research
future)를 인용

※ 정부 방안: 전 세계가 출발선상에 있는 만큼 혁신적 예방·진단·치료 기술 개발 시 거대한 新시장 창출의 과실 독점 가능, 해외진출 가능

[개발기술의 필요성] 정부정책에 부응하는 ICT기술을 기반으로 일반 가정에 저렴하게 보급(B2C)할 수 있고 해외수출도 가능한 치매예방제품 개발 필요

1) 치매연구개발 사업에서 있어 치료/진단보다 '치매예방'분야에 대한 집중 및 투자가 필요

① 치매연구개발사업에 있어 미국의 경우 원인규명, 예방, 진단, 치료, 돌봄 등의 5가지 단계에 중점을 두고 있지만 우리나의 경우 진단, 치료분야(약 40% 이상)에만 중점을 두고 있고 있음
<보건복지부, 과학기술정보통신부 2018.2.5> NTIS 치매연구개발사업 기술분야별 투자현황

② 치매 고위험군 관련 연구 미흡으로 예방한계, 표준화되고 적절한 예방법이 없어 활용 안 됨
→ 개선방안: 치매예방연구 강화 필요, 한국형 예방 프로그램 마련 보급 필요
<보건복지부, 과학기술정보통신부 2018.2.5.> 치매연구개발사업기획(안) 중 그간 연구의 한계 및 개선방안 인용

③ 전국 189개 치매안심센터 센터장들은 치매국가책임제의 무게중심이 발굴·치료에서 치매예방으로 옮겨져야 한다고 강조
<국민일보, 2019.5.8.> [사설] 치매국가책임제, 예방에 더 많은 비중을

2) 국내에 B2B형태의 치매예방 프로그램은 일부 있으나 일반 가정에서 저렴하게 구입하여 고령의 시니어가 쉽게 혼자서 이용할 수 있는 '치매예방제품'은 전혀 없음 → 개발보급이 시급함.

① 현재는 주로 전국 치매안심센터에서 치매예방 프로그램이나 교육 위주로 예방이 진행됨.

② 국내에서 치매예방 제품으로 App, VR, 로봇 형태로 소개되었지만 가정에 보급할 수 있는 수준이 안 됨(가격이 너무 높거나 스마트폰 앱 형태로 고령의 시니어가 이용하기 어려움)

– 치매예방을 위한 카카오톡 챗봇 '새미'_하이 (App), 인브레인 트레이너_마이다스아이티, '치매예방 로봇 실벗'_로보케어 (로봇), 치매예방 VR솔루션_에스와이노테크 (VR 프로그램)등

③ 관련 업체들이 관심은 단연 시장성과 대중성인데 현재 일반가정 보급은 매우 어려움.

[HW,SW 융합제품 개요 및 필요성 작성 샘플]

② 개발기술 개요 및 필요성 샘플2: O2O 플랫폼

국내최초, 유명 쇼핑몰의 유휴공간을 영세 소상공인들이 단기간 활용할 수 있게 연결해 주는 O2O 공간 공유 플랫폼

Ⅰ. 기술성

1. 개발기술 개요 및 필요성

(1) **개요:** 소상공인이 높은 임대료와 낮은 브랜드 파워 때문에 Off-line으로는 입점할 수 없었던 **유명 백화점 및 대형 쇼핑몰의 여러 유휴 공간을 쇼핑몰 기획의도에 따라 장·단기 공간 활용 스케줄을 수립·공유하여, 여러 소상공인을 모집해 저렴한 비용으로 활용할 수 있게 하는 영세 소상공인을 위한 유명 쇼핑몰 팝업스토어 모바일 O2O 공간 공유 플랫폼.** 소상공인이 필요할 때마다 유명 쇼핑몰의 오프라인 매장을 임시 대여할 수 있는 개념 – 소상공인을 위한 Storeless 서비스

팝업스토어: '떴다 사라진다(pop-up)'라는 의미로, 짧은 기간 일시적으로 운영하는 상점. 팝업스토어는 입소문 마케팅에 유리하고, 브랜드의 특징을 자세히 알릴 수 있다는 장점이 있음. 예로, 쇼핑몰의 이벤트 홀, 실내외 광장 등

소상공인을 위한 O2O 공간 공유 플랫폼

[소상공인을 위한 쇼핑몰 오프라인 팝업스토어 공유 플랫폼 개념]

(2) 필요성: 유명 쇼핑몰 유휴 공간의 효율적·효과적 활용을 통해 쇼핑몰·소상공인 상호간 상생 및 매출 극대화, 이용자 편의를 위한 모바일 서비스 필요

	유명 쇼핑몰(공간판매자)	영세 소상공인
필요성 목적	유휴 공간의 장기임대 해결 안정적인 임대 수익 창출	유명 쇼핑몰 오프라인 입점 브랜드 이미지 제고 및 매출
요구사항 (문제점)	① 단기입점이 아닌 **장기입점** ② 쇼핑몰 **이미지에 부합하는** 인지도 있는 **브랜드** 입점 ③ 소수 브랜드 **입점으로** 관리이슈 및 **관리비용 최소화** ④ **트렌드를 선도하는 신규 콘텐츠**	① **비싼 임대료** & 장기 계약 ② **낮은 브랜드 이미지** ③ 제품이 아무리 좋아도 영세 소상공인은 입점 신청할 수 있는 자격조차 안 됨
해결방안	① **팝업스토어 기획력으로 유휴 공간의 장기(연간) 활용계획 수립** ② 쇼핑몰 이미지에 맞는 **팝업스토어** 기획전으로 브랜드 문제 해결 - 소상공인의 인지도 낮은 브랜드도 입점 가능 ③ 유휴 공간 중개 플랫폼 운영사와의 단 건 계약으로 관리이슈 최소화 - **쇼핑몰↔플랫폼 운영사↔소상공인 2단계 구조**로 되어 소상공인들이 플랫폼 운영사와 직접 계약해 저렴하게 단기간 활용 가능 - 저렴한 계약으로 입점하고자 하는 소상공인(pool)확보 매우 용이 ④ **당사가 이미 확보한 0000개 이상의 소상공인 상품 및 콘텐츠 즉시 공급** - 트렌드에 맞는 **신상품/콘텐츠** 실시간 소싱, 다양한 제품 테스트

[쇼핑몰 오프라인 팝업스토어 공유 플랫폼의 필요성]

[O2O플랫폼 개요 및 필요성 작성 샘플]

개발기술이 HW인 경우 샘플1처럼 개발될 HW 이미지를 보여 주고 어떻게 동작되는지를 중심으로 설명할 수 있다. 앱 기반의 플랫폼인 경우에는 샘플2처럼 앱 이미지를 중심으로 누구와 누구를 연결하는지를 보여 주고 아이템개요 작성법에 따라 작성하면 완성할 수 있다. 치매예방제품의 배경 및 필요성은 정부에서 치매치료 관련한 다양한 정책을 추진했기 때문에 자료가 많아서 작성하기 수월하다. 자료조사 중 국내에서 치매예방분야에 대한 해결방안이 미흡하다는 근거자료를 찾아 이를 기반으로 필요성을 부각할 수 있다. 샘플2 O2O 플랫폼의 경우 배경 및 필요성은 아이템 특성상 관련된 수치 데이터를 찾기 어렵다. 이럴 때는 플랫폼 참여자의 요구사항을 표로 만들어 정성적인 필요성을 강조하는 것도 괜찮다.

• 개발기술의 독창성 및 차별성 작성 샘플

① 개발기술 독창성 및 차별성 샘플I: 서비스 중심의 차별성

2. 개발기술의 독창성 및 차별성

[기존 서비스의 현황]

1) 안심번호 서비스가 등장하였으나 추가요금 및 번거로움으로 이용률이 낮음
① 050 안심번호 서비스: 프라이버시콜, 오토콜링, 모바, 콜믹스 등 매우 다양함
② 유료서비스: 회선당 월 2,000원의 부가사용료를 지불해야 하는 유료 서비스
③ 050의 전화부가서비스 요금은 초당 약 2원으로 일반요금의 2배에 달함

2) 도로 주행 중 앞 차량 위험 발생 시 조치방법을 몰라 어떤 행동도 하지 않음(위험운전)
① 운전 관련 공단에는 한국교통안전공단(1577-0990), 도로교통공단/안전운전통합민원(1577-1120), 한국도로공사(1588-2504) 등이 있으나 운전 중 차량안전과 관련해서 어디에 연락해야 하는지 알 수 없음
② 위협운전, 난폭운전 등은 경찰청 등에 신고할 수 있으나 지금 당장 앞 차량의 위험 등이 발견되었을 때 알려줄 수 있는 방법이 없음

[기존 서비스의 문제점]

구분	현재의 문제점	필요사항
기본/통화료 유료 050 개인번호	① 월정액 기본료: 050번호 1개당 월1,100원 이상 부담 ② 발신자 통화료 추가 부담: 기본통화요금에 관계없이 050 통화료 추가 부담(기본료에 2배 이상)-매우 심각한 문제 ③ 050 전화번호를 추가로 노출시켜야하는 번거로움 추가번호판 부착 등 알림표시 필요	편의성 있는 무료서비스
차량 위험상황 알림	① 다른 운전자가 앞선 운전자의 차량운전 위험을 알리는 방법은 육성 및 클랙슨 등의 원시적 방법만 존재 ② 위험상황을 알려 주기 위한 도로공단 등 전화번호 모름 ③ 브레이크등 고장, 적재불량, 타이어 불량, 트렁크 열림, 사이드 미러 접힘, 유리창 파손 등 운전 중에 인지하지 못하는 위험상황을 직접 알려 줄 방법 없음	차주에게 위험상항을 직접 알려 줄 방법

[문제점 및 요구사항]

[해결방안]
개인정보 노출 없이 차량번호를 이용한 무료 톡 서비스로 운전자간 직접 커뮤니케이션

1) 차량번호를 ID로 하는 '주차안심', '안전운전' 전용 무료 차번호 톡 서비스 개발 보급
2) 모바일무료 어플리케이션을 Android, iOS향으로 개발하여 누구나 쉽게 이용하게 함
3) '주차안심', '안전운전' 정보전달 목적에 맞는 메신저 설계로 불필요한 논쟁 사전차단
4) 수익모델: 광고 수익모델 및 부가서비스 개발(사용자별 추가 기능)
5) 교통안전과 관련된 정부기관 서비스 연동 및 홍보대행을 통한 서비스 보급 확대

차별성/독창성		내용
기술 측면	① 최초의 차량번호 이용 톡(Talk) 서비스	차량번호를 ID로 하여 차량 위험사항 알림 등 커뮤니케이션이 가능한 메신저 시스템 및 그 방법 (출원번호:10-20××-0000××× 출원일: 20××년 ×월 ×일)
	② 차량번호로 정확한 기본정보 확인가능	① 자동차민원 대국민포털 or ② SKT모빌리티 플랫폼에서 제 공하는 API를 통해 차량번호 입력 시 '모델명, 인승, 등록연 월, 색상 등'의 정보를 자동으로 호출하여 입력처리로 정확한 이용자 차량정보 획득, 앱으로 개발되어 누구나 쉽게 설치, 이 용 가능
	③ AI 음성인식을 통한 메시징 서비스	Google, Kakao, NAVER 내장 SDK, open API 등을 활용하여 운전 중에 음성으로 위험상황을 선택하여 상대편에게 전달할 수 있는 기능 지원 (음성명령, 음성인식으로 최적메시지 발송)
서비스 측면	① 무료/편의성	무료서비스, 차량번호 그대로 활용
	② 개인정보보호	휴대폰번호 입력, 노출 등이 필수사항 아님, 차량번호=ID
	③ '안전, 안심' 공익적 서비스	노출된 차량번호로 이용한 안전/안심을 위한 메신저로 공익차 원 및 보편적 서비스 가능, 안전운전 및 교통안전에 기여
	④ 정부정책 지원 서비스	정부기관과 연동된 다양한 안전 서비스 가능 (도난차량확인, 불법주차신고, 음주운전신고, 소방차안내, 불법차량신고, 난폭 운전신고 접수 서비스 연계)
	⑤ 명확한 수익모델	① 자동차관련 보험, 자동차광고, 자동차용품 타겟팅 광고 가능 ② 정부기관 서비스 연계를 통한 운영비 지원가능

[차번호 톡 서비스의 차별성 및 독창성]

[앱 아이디어의 기술 및 서비스 측면 차별화 작성 샘플]

② 개발기술 독창성 및 차별성 샘플2: HW제품

2. 개발기술의 독창성 및 차별성

[기존 서비스의 현황 및 문제점] 수작업 부분틀니 제작의 문제점

구분	현재의 문제점	개선 요구사항
제작 기간	28~56일	2일
치과 방문 회수	최소 4회 단계별 방문	2회
제작 정밀도	100 micrometer 이하	30 micrometer 이하
공전단계	대략 47단계	10단계
평균 가격	약 130만 원	최대 50만 원

[현재 부분틀니 제작 문제 및 개선 요구사항]

현재의 부분틀니 제작은 대부분 치과의사와 기공사의 수작업으로 이뤄지는데, 환자 치아상태의 예비모형을 본떠 석고로 제작하여 철 구조물을 만들고 그 위에 잇몸 레진과 치아 레진을 덧붙여 제작하는 방식. 그 과정에서 제작중인 부분틀니가 치과와 기공소를 수차례 오가면서 이뤄지는 교정작업은 약 4~8주 소요되고 인건비 부담도 높아 약 130만 원의 비용이 발생. 게다가 전적으로 수작업으로 제작하기 때문에 정밀도도 매우 낮음.

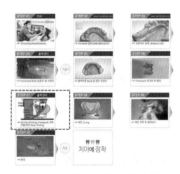

현행, 수작업 부분틀니 제작 47단계
(4주~8주)

3D 오버 프린팅 기술 기반 부분틀니 제작
10단계 (2일)

[3D 오버 프린팅 기술을 활용해 줄어드는 틀니 제작의 단계와 기간_10단계/2일]

[해결방안] 2개 이상의 DLP프로젝터를 활용한 3D 오버 프린팅 기술과 장치를 개발해 부분틀니와 같이 복잡하고 이종 재질로 이뤄진 구조물을 빠른 시간 내(2일 이내)에, 더 정밀하게(30 micrometer 이하) 출력할 수 있게 하여 치과·의료분야에 먼저 적용

[차별성 및 독창성]
세계최초 구면좌표계 기반의 이종 재질 3D 오버 프린팅 기술 및 프린터

구분	내용 (차별성, 독창성, 우수성)
더 정밀한 출력	① 2개 이상의 DPL프로젝터를 이용하여 빛이 중첩된 부분만 프린팅 ② DLP프로젝터의 이동·회전이 가능하여 구면좌표계(SCS)를 기반으로 고도각과 방위각을 변화시키며 구조물의 정확한 위상(位相)파악.
오목한 부분 출력	위 기술을 활용하여 부분틀니와 같이 복잡하고 오목한 부분까지 세밀하게 출력이 가능. 특히 뒷면의 오목한 부분까지 정확히 출력할 수 있음.
이종 재질 오버 프린팅	3D 스캔을 통해 기본 구조물(철)을 제작한 상태에서 그 위에 이종 재질(틀니의 경우 레진)을 쉽게 접합, 결합할 수 있음.

샘플1, 2와 같이 개발기술의 독창성 및 차별성 부분은 1. 현재 상황 및 문제점, 2. 우리의 해결방안, 3. 차별성 및 독창성 순으로 작성한다. 특히 현재의 문제점을 확실히 강조한다. 문제점을 나열하고 문제점의 세부내용을 매우 상세하게 적는다. 또는 비교표를 만들어 현재의 문제점을 강조할 수 있다. 그러고 나서 해결방안을 제시한다. 해결방안은 우리 솔루션의 개념과 장점이 나타난 포괄적인 개념이라고 보면 되고 해결방안 바로 밑에 창업자의 솔루션을 표현한다. 특히 샘플2처럼 HW인 경우에는 이미지로 창업자의 솔루션을 보여 주는 것이 좋다. HW의 경우 특허를 통해서 기술적 차별성을 확보했기 때문에 그 내용을 기반으로 기술적 차별성을 설명할 수 있다. 그런데 샘플1처럼 아이디어 기반의 개발인 경우에는 기술적 차별성이 약하기 때문에 나머지 서비스적, 사업적 차별성으로 커버해야 한다. 기술적 차별성이 약하더라도 무엇이라도 찾아내 반드시 기술적 차별성 부분을 작성해야 한다. 기술적 차별성을 적지 않으면 기술이 약하다고 점수를 낮게 주는 명분을 주게 된다. 샘플1처럼 '기술적 측면'과 '서비스 측면'을 분리하여 '기술적 측면' 부분에 적는다. 실제 기술적 차별화인지 서비스적 차별화인지 헷갈리는 경우라도 기술적 측면의 차별화 포인트로 적는다.

· 선행연구결과 및 애로사항 작성 샘플

① 선행연구결과 작성 샘플

준비항목	세부내용	시기
특허출원 3건 출원	① ○○○ 플랫폼 ② ○○○ 관리시스템 ③ ○○○ 상품 판매 시스템	2020
기업부설연구소 설립	① 연구소장 1명, 전담연구원 4명 등록 ② ○○○○○ 플랫폼 개발 집중	2019
필요 프로세스 정의	일반고객, 관리자, 운영자 프로세스 정의(10차)	2019.4~
App UI 설계 1차	① 고객센터, 회원정보 ② 공간 관리, 입금현황, 팝업스토어 관리 ③ 소상공인 브랜드 관리, 스케줄관리, 정산 및 검색, 알림, 추천, 설정, 이벤트 등	2019.5~
App 디자인 시안	1차 App UI에 따른 1세 디자인(100종)	2020.1~

순번	선행 연구 결과
①	○○중심으로 하는 Web기반 ○○ 시스템 개발완료 및 운영 (○○○시스템, ○○○서비스 포함)
②	플랫폼 시스템구성도 및 메뉴 설계 완료, App의 개념 정의 및 디자인 작업 진행, 세부개발내역 정의
③	핵심기술 저작권 확보 및 특허 출원
④	국내 OTA사업자들의 오프라인마케팅 대행을 통한 고객/협력사 확보

순번	선행 연구 결과
①	AR/VR/360˚ 영상콘텐츠 개발 경험 확보 (VR Room 3종, 인포메이션 솔루션 5종, 캐주얼 게임 3종 등)
②	30여건이 넘는 AR/VR 체험행사 기획/개발/운영 경험확보 (정부VR행사, 기업VR행사, 전시회 등 경험 풍부)
③	국내최초, ○○○○와 ○○○○○시뮬레이터 개발 경험 확보
④	주로 다국적 제약회사의 홍보/교육용 AR/VR콘텐츠 개발 경험 풍부
⑤	솔루션 기획을 수립하여 해외진출을 위한 접촉 시작 (미국, 중국, 일본, 영국, 독일, 인도 진행 중)

② 애로사항 작성 샘플

(2) 상용화를 위한 애로사항

① 개발인력의 확보(3명 개발 정규직모집): 현재 개발인력을 확보하고 있으나, 서버
시스템, 어플리케이션 개발에 추가적으로 3명 내외의 개발경험이 있는 인력채용 필요.
개발사항은 향후 업그레이드 및 유지보수를 위해 외주 없이 내재화해야 함.

② 기술연구소설립, 벤처기업 미등록: 현재 기술연구소 설립과 벤처기업인증을 추진 중이나 행정적으로 진행하는 방법에 대해서 서투른 면이 있음.

(2) 애로사항: 베타테스트 기업 확보가 가장 큰 애로사항
기술연구소 내부에서 베타버전으로 개발된 상태에서 다양한 테스트를 진행하고 있으나 실제 필드에 적용하기 위해서는 기업고객의 제품에 ○○○를 부착해야 하는데, 당사의 입장에서는 필드 테스트가 되지만 참여기업 입장에서는 테스트 베드가 되려고 하지 않아 설득하는 데 어려움이 있었음. 하지만 지속적인 영업 끝에 최근 국내 ○○ 브랜드와 ○○브랜드 대상으로 프로토타입 베타 테스트계약을 체결하였음.

(2) 상용화를 위한 애로사항
① 개발역량 지속투입: 현재 내부에 10명 이상의 VR개발자가 참여하고 있으나, AR/VR 콘텐츠 분야가 아직 초기시장인 관계로 지속적인 숙련이 필요함. 향후 다양한 기술개발 교육기회를 통해, 개발자 역량을 끌어올리고자 함.
② 콘텐츠 기획력: 다양한 체험행사 및 개발요청에 따라 콘텐츠를 제작하는 데 있어 기획인력 수요가 꾸준히 증가하고 있음. 기획인력 또한 추가 충원을 하여 높음 품질의 VA/AR 콘텐츠를 생산할 수 있도록 추진하고자 함.

(2) 애로사항
① 창업 시 개발했던 수작업 수준으로 스케줄링 시스템 활용 중: 2020년 매출 ○○○을 달성하고 고성장하며 업무량이 폭증하여 소상공인 대응 업무처리도 일손이 다소 부족. 이러한 인력부족 등으로 그동안 시스템 개발 여력이 없어 창업 초기에 만든 수작업 수준의 Web기반 시스템을 아직도 활용 중.
② 규모와 트렌드에 걸맞은 지능형 모바일 O2O 플랫폼 개발 시급: 현재의 시스템으로 관리할 수 없으며 4IR기반 O2O 모바일 플랫폼 개발 시급. 작년부터 모바일 시스템 개발을 위해 기업부설연구소 설립 및 기술투자 착수.

선행연구결과는 간단한 것이라도 상세하게 많이 쓰는 것이 유리하다. 샘플은 초기기업의 개발과 관련된 내용을 선행연구결과로 나열한 것이다. 특허출원, UI기획, 일부시스템 개발 등에 대해서 상세하게 기록하면 된다. 애로사항은 마케팅적 이슈만 있을 뿐 기술적 애로사항은 쓰지 않는 것이 좋다. 주로 마케팅, 사업적 애로사항을 있을 것이고 구인 등의 문제가 애로사항이 될 것이다. 샘플에서 확인할 수 있듯이 애로사항에는 그것을 극복하고 있다는 스토리로 쓰는 게 좋다.

① 지식재산권 확보 · 회피방안 샘플: 지식재산권을 확보했을 때

3.2 지식재산권 확보·회피 방안

(1) 핵심특허 3건 출원 완료

○○ 플랫폼 서비스를 운영하면서 모바일 App으로 구현되어야 할 사항의 주요 내용
을 2건의 특허를 출원하여 당사 BM에 대한 지식재산권 확보. 또 향후 SNS 활용에
능숙한 인플루언서 소상공인을 위한 판매툴로 상품 ○○ 시 바로 간편결제까지 동시
에 진행될 수 있는 시스템과 관련한 특허 1건 출원 완료.

지식재산권명	지식재산권출원인	출원국/출원번호
① ○○○○○○○ 플랫폼	당사	한국/10-2021-000001
② 상품 판매 ○○을 이용한 상품 판매 시스템	당사	한국/10-2021-000002
③ ○○ 관리 시스템	당사	한국/10-2021-000003

(2) 특허정보넷 키프리스(www.kipris.or.kr)에 입력한 문장

'○○○, 쇼핑몰 등 ○○을 소상공인 등이 저렴한 비용으로 단기간 임대할 수 있도록
○○하고 ○○하는 플랫폼'으로 상세 검색

<table>
<tr><td colspan="3" align="center"><표> 개발대상 기술(제품, 서비스 등) 관련 지식재산권</td></tr>
<tr><td align="center">지식재산권명</td><td align="center">지식재산권출원인</td><td align="center">출원국/출원번호</td></tr>
<tr><td>○○○○을 통한 수입물품의 판매 매장 관리 방법</td><td align="center">○○○</td><td>한국/10-2018-0057750</td></tr>
</table>

검색 결과 유사도 60% 이상 검색된 특허는 없으며, 아래와 같이 공개된 특허 1건이 존재하나 당사의 서비스와 전혀 관계없는 수입물품 관리 방법에 관한 특허임.

○ 기술유출 방지대책

(1) 현재 개발 중인 기술에 대한 특허출원 완료
(2) 새로운 아이디어 도출 시 사내에서 자체 검증한 후 특허 선행조사를 거쳐 특허출원 진행, 전담 변리사 계약
(3) 기술자료 임치센터를 통해 기술자료 및 사업(영업)자료 기술임치, SW소스코드 등 개발 완료 후 임치 마케팅 관련한 사업계획서 및 제안서 임치
(4) 기술부설연구소를 통해 사내 기술유출 방지를 위한 대책 수립
1) 보안관리 규정 제정 및 보안사고 방지 대책 수립 및 참여연구원 보안 서약서 작성
2) 연구개발 내용 무단 유출방지 대책 마련 및 연구실 자체 및 연구 장비 보안
3) 보안관리책임자, 승인규정 및 주기적 데이터 백업 실시

　지식재산권이 있는 경우 샘플과 같이 특허출원 이미지를 보여 주고 지식재산권 리스트를 보여 준다. **지식재산권을 확보했을 경우에는 최대한 창업자의 지식재산권 위주로 설명해라. 특허정보넷 키프리스 검색 내용을 굳이 많이 쓸 필요는 없다. 창업자의 현재 지식재산권이 더 중요하다.** 창업자가 지식재산권이 있으면 좋지만 대부분은 없다. 창업자 본인이 직접 키프리스에 들어가서 유사특허를 검색하여 차이점을 써 주면 된다. 그런데 그것보다 신청하기 전에 특허출원을 의뢰하는 것이 좋다. **그리고 ○○○특허법률사무소 ○○○변리사에게 특허출원을 의뢰했다고 쓰면 신뢰도가 높아진다.** 실제 특허출원을 의뢰하면 변리사가 선행특허를 조사한다. 그 조사 결과를 제시하면 기존 특허 회피방법이 되는 것이다.

② 지식재산권 확보 · 회피방안 샘플2: 지식재산권이 없을 때

3.2 지식재산권 확보·회피 방안

(1) 지식재산권 확보·회피방안

○○○특허법률사무소 ○○○변리사를 통해 <u>특허 선행조사를 실시</u>하였고 아래와 같은 검색결과를 확인하고 <u>특허출원 의뢰</u>.

① 특허정보넷 키프리스(www.kipris.or.kr)에 입력한 문장
입력문장① ○○○○○○ 서비스 개발 → 모든 검색결과 없음
입력문장② ○○○○대행 서비스 개발 → 공개특허 1건 검색

<표> 개발대상 기술(제품, 서비스 등) 관련 지식재산권

지식재산권명	지식재산권출원인	출원국/출원번호
① ○○○○○ 시스템 및 그 방법 (공개중)	○○○	한국/1020180000001

위 특허내용은 공유택시, 아르바이트 구인구직 등과 같은 전형적인 플랫폼으로 ○○○○이 아닌 ○○○○에 초점이 맞춰져 있으며 요청자 N대N(다대다)으로 연결되는 오픈 경쟁 플랫폼에 활용되는 서비스다. 요청자가 지역/비용/내용/요청날짜 등을 입력하면 위치기반으로 주변 ○○○자에게 요청이 전송되고 ○○자는 요청내용을 확인하고 건by건으로 수거가 진행될 수 있도록 지원하는 시스템에 관한 것이다. 비용, 위치 문제로 수거자가 한 명도 매칭되지 않을 불확실성이 존재하며, 요청자가 여러 가지 정보 특히, 대행비가 매번 변경되어 플랫폼 노동자에게 열악할 조건이며 번거롭다.

② 기존 출원특허와의 차이점 및 회피방안
우리 기술은 ○○○○라는 지역이 정해져 있는 <u>클로우즈된 시스템으로, 요청자와 ○ ○○가 N대1로 연결되는 구성</u>이며, ○○요청 시 지역/비용/내용/요청날짜 등의 불필요한 선택 입력 없이 단순히 '요청 버튼'으로 한 번만 요청하면 ○○○의 <u>정해진 ○○가 있는 상태에서</u> 수수료 흥정이나 조건 입력 없이 항상 요청처리가 가능한 시스템으로 <u>간편성, 서비스 확실성, 지역성</u>에서 근본적 차이가 있음 이를 통해 요청이 간편한 N대1구성으로 특허출원.

① 기술개발 최종목표 작성 샘플I: 웹 플랫폼

4.1 기술개발 최종목표

DDC시스템, Clinic시스템, 기공소 시스템 개발

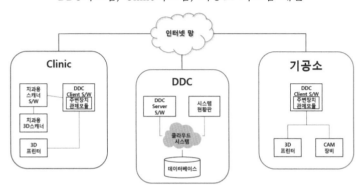

개발내역		내용
요구사항 분석 및 정의		제휴대상 치과병의원의 요구사항 정의 시스템 및 치료 환경 분석 치료과정의 보철물데이터 생성, 전달, 수신 등 절차 분석
1	DDC 시스템	① Clinic 주문관리: 스캔파일 DL, 보철CAD제작 오더시트, CAD파일 업로드, 보철물 CAD 뷰, 승인처리 및 커뮤니케이션 툴 ② 기공소 주문관리: 주문조회, Clinic오더시트, 결과, CAD파일 DL ③ 실적관리: 개인-지역-그룹별, 월-분기-연도별, 검색, 뷰, DL ④ 관리자기능: Clinic 3D 프린터 모니터링 (출력현황, 장비상태, 고장/수리 통계, 프린팅 재료 및 소모품 현황, 원격지원 등), 공지사항 관리, 회원관리 등
2	Clinic 시스템	3D 스캔파일 업로드, CAD파일 DL, CAD파일 뷰, CAD파일 3D 프린터 출력처리, CAD파일 수정사항 지시, 1차/2차승인, 커뮤니케이션
3	기공소 시스템	주문내역조회, CAD파일 DL, CAD파일 3D 프린터 출력, CAD파일 출력, 출력현황 보고, 출고처리(인편배송)
업무 프로세스 정의		데이터파일 생성/관리 표준화 정의, 매뉴얼(다양한 SW호환 고려) 업무 프로세스 표준화 정의, 매뉴얼 (표준화된 규격에 따른 CAD작업) 3D 모델링 작업을 테스트 프린팅

② 기술개발 최종목표 작성 샘플2: App 서비스

4.1 기술개발 최종목표

AI음성인식 기반 차번호 메신저 App 및 그 시스템 개발

개발내역		내용
요구사항 분석		① 차량번호를 ID로 하는 무료 메신저 App 개발 (Android, iOS) ② 개인정보수집 최소화 ③ 이용 편의성 극대화 (최소입력, 최소인증, 빠른 실행) ④ 메시지 전달의 즉시성 ⑤ 안전/안심에 최적화된 서비스 제공 (주행안전, 주차안심 등) ⑥ 공익목적의 부가서비스 제공 (정부기관 서비스 연동, 홍보 지원) ⑦ 부적절한 메시지 발송 불가 등 주요 요구사항 정의 등
1	App	① Android & iOS 두 가지 App 무료 서비스 ② 음성명령 서비스지원 (Google, Kakao, NAVER, 내장SDK, open API등) ③ 회원처리, 재설치(재가입), 차량2대 등록 기능 등 부가기능 개발
2	Back -end	① Web/DB서버 구축, 관리자(운영자) 서비스 개발 ② 정부기관 정보 제공 시 연계 서비스 신고, 예방, 정보조회 등 ③ 음성패턴 분석 시스템 등
3	I/F	① App API개발, Android/iOS Push 서비스 개발 (FCM 연동) ② 차량번호조회 API 연동 테스트 (SKT or 자동차 대국민포탈)
서비스 프로세스 (방법) 정의		① 주차 이동 요청 메시지, 주행 중 위험상황 메시지 송수신 프로세스 ② 주행 음성명령을 통한 메시지 송수신 프로세스 ③ 불필요한 메시지 전송 금지, 메시지 송수신 허용 설정 방법 ④ 재설치, 재가입, 차량추가 등록/삭제, 실 사용자 확인 방법 등 정의

③ 기술개발 최종목표 작성 샘플3: 2년 차 HW/SW융합

4.1 기술개발 최종목표

국내최초 개인용 치매예방 터치북 & 프로그램
(종이 터치북 + 치매예방/진단 콘텐츠 + 전용 앱)

1) 개발제품 주요성공요인 3가지 (Critical Success Factor)

CSF	내용
① 이용 편이성	① 고령 시니어가 혼자서 이용 가능해야 함 ② 스마트폰 이용 최소화 / 하드보드지 형태, 책 형태의 컨트롤러 → 종이터치북 (터치회로 쉬트 설계, 개발로 구현가능)
② TV 연동	① 제품 1회 설치 후 추가 세팅 없이 TV와 연결되어야 함 ② 작은 화면이 아닌 대형 TV화면으로 프로그램 이용, 메뉴 최소화 → 일반TV 및 스마트TV 연동 최적화를 위한 2가지 모델 개발
③ 이용 데이터 자동 수집	① 치매예방용 프로그램 이용 기록 분석용 데이터 축적 ② 치매 간편 진단 터치북을 추가하여 주기적으로 자가 테스트 유도 → 어플리케이션 개발

2) 최종 개발목표 주요내용

개발내역		내용
제품요구사항 정의/분석		① 개인용(B2C) 치매예방 제품의 요구사항 정의 ② 이용콘텐츠, 이용방법, 시간, 도구, 정보제공 등의 필요기능 정의
HW	2가지 형태 종이 터치북	① 2가지 형태 터치북 회로설계 (컨트롤 메뉴와 콘텐츠 메뉴로 구분) - 일반TV연결 용 종이터치북, 스마트TV연결용 종이터치북 ② A4 사이즈 크기의 콘텐츠 터치북 내 터치아이콘 크기는 최소 　 2cm × 2cm 이상 구현 (Fat Finger Effect 방지) ③ 6가지 주메뉴 구성(콘텐츠 6 Page 터치북) ④ 안드로이드 모듈을 통해 HDMI케이블로 일반TV와 연결되는 시스템 ⑤ 블루투스를 통해 스마트TV와 연결되는 시스템 ⑥ 전원공급 장치는 스마트폰 충전기 활용 가능하도록 설계
SW	앱	① 사용자 이용정보 수집용 어플리케이션 ② 최초 1회 회원정보 수집 후, 사용자 앱 background 구동
콘텐츠	치매예방 자가테스트	① 체조명상, 두뇌운동, 인지운동, 맞춤형교육1, 2 등 별도의 추가 교구 　 필요 없이 치매예방 가능한 콘텐츠 리뉴얼 (교구 제외) ② 치매예방 자가 테스트 콘텐츠
제품 패키징		① 종이터치북, 제품설명서, 내부포장, 박스포장 등

3) 단계별 핵심 개발내용

구분	1차년도	2차년도
개발 목표	운영체계를 탑재한 '개인용 치매예방 터치북'	인터랙티브 기능을 강화한 '스마트 컨트롤러 터치북'

개발
목적
	• 사용자 접근성과 범용성 확대
	• 사용자가 고령자임을 감안한
	  기기 실행 간편화
		• 사용자 편의성과 맞춤형 고도화
		• 터치북 편의성을 개선 및
		  맞춤형 치매예방 플랫폼을 구축

개발
내용
	• 안드로이드 모듈을 장착하여
	  자체 프로그램 운영
		• 스마트TV 전용 앱 연계를 통한
		  인터랙티브 기능 구현

장점	• 고령자가 쉽게 접근할 수 있는
	  프로그램 실행
	• HDMI가 탑재된 스플레이라면
	  (일반TV, 모니터, 태블릿 등)
	  모두 호환 가능
		• 맞춤형 치매예방 프로그램
		  제공 및 업데이트 용이
		• 플랫폼 확장성 연계에 따른
		  부품 간소화로 원가 절감
		• 무선 데이터 통신 적용으로
		  편의성 확보

단점	• HDMI 유선 연결에 따른
	  활동성 제한
	• 안드로이드 모듈 탑재로 인한
	  원가 상승
	• 프로그램 업데이트의 제한.
		• 스마트 TV 미보유 시 사용불가
		  (스마트TV 미보유 가정은 1차년도
		  개발된 '개인용 치매예방 터치북'
		  활용)

사용자
환경
	• 범용 디스플레이 보유 가정
	* HDMI단자 탑재 기기는 모두
	  사용가능
		• 스마트 TV 보유 가정
		* 스마트TV 점유율 15년 45%,
		  19년 64%, 21년 81%(예상) -
		  IHS마킷

예시 이미지		

[1차년도/2차년도 개발내용]

④ 기술개발 최종목표 작성 샘플4: 2년 차 HW

4.1 기술개발 최종목표

세계최초 SCCL기반 3D 오버 프린팅 기술과 3D 오버 프린터 개발

1) 개발제품 주요성공요인 3가지 (Critical Success Factor)

CSF	내용
① 복잡하고 오목한 구조물 출력 기술	SCCL기반으로 2개 이상 DLP프로젝터 활용한 3D 오버 프린팅 기술 → 3D 프린터 장치를 개발하기 위한 3D 오버 프린터의 SW/HW 적 설계
② 3D 프린터 장치(시제품)	3D 오버 프린팅이 가능한 프린터 장치로 시제품 구현 → 현장 실험용, 실습용 버전의 프린터 장치 개발 및 기능테스트
③ 상용화 가능한 3D 프린터 (완제품)	3D 오버 프린팅 기술과 3D 오버 프린터 완성품 개발 → 실제 환자의 부분틀니를 제작할 수 있는 3D 오버 프린터 완제품

2) 최종 개발목표 주요내용

개발내역	내용
프린팅 알고리즘 제어SW	① 구면좌표계 기반 3D 프린팅 알고리즘 설계 - 오버 프린팅의 대상이 되는 기본 구조물을 중심으로 하는 구면좌표 계에서의 고도각과 방위각을 변경하여 광을 비추는 알고리즘 등 ② Software: Align, 프로젝션 이미지 계산, 시스템 제어 ③ 제어 장치(PC): HW 및 Modelling S/W 구동, 프린터 제어 등 Image Processing & S/W Control 등
3D 오버 프린터	① 3D 프린터 주요 구성요소 - 기반의 5축 광학 DLP 프로젝터(2개 이상의 방향에서 프로젝션) - Rotation Stage, Linear Stage, 투명 수조(사각, 원통) - Align 센서(카메라) - 기구부: Base, Bath Holder, 전원장치 등 ② 시제품 단계 전까지의 3D 오버 프린팅 장치 ③ 첫 적용 제품으로 '부분틀니' 제작이 가능한 프린팅 장치

'4.1 기술개발 최종목표'에 별도의 설명 없이 〈표〉성능지표 목표 및 측정방법만 쓰는 창업자가 많은데 그것보다는 샘플처럼 전체 개발 시스템, 서비스, 제품 등을 이미지로 표현하고 그 아래에 표를 그려 3~4가지 세부 개발내용을 요약해서 써 주면 된다. 세부 시스템이 구분되어 있어 어떤 것을 개발하는지 확실히 이해할 수 있다. 샘플1은 시스템개발, 샘플2는 App개발, 샘플3은 2년 차 HW/SW융합제품, 샘플4는 HW제품 개발목표를 나타내는 것이다.

위와 같은 형식이 최종 개발목표를 설명할 때 가장 유용한 형식이다. 구체적인 내용은 '4.2 기술개발내용' 부분에 작성하도록 되어 있어 개발할 항목 정도만 나열하면 된다. 이 페이지는 한 페이지로 작성하여 핵심 내용만 확인할 수 있으면 된다.

1년 차 개발인 경우 1페이지로 쓰고 2년 차 개발인 경우에는 샘플3처럼 1차년도, 2차년도의 개발내용을 비교할 수 있는 단계별 핵심 개발내용을 추가하여 2페이지로 보여 주는 것이 좋다. 2년 차 개발을 지원하는 사업의 경우 평가위원이 1년 차와 2년 차의 개발내용이 모호하다고 탈락시키거나 합격시켜도 1년 차만 지원하는 경우가 있으니 사업계획서 작성 시 2년 차 개발내용이 확실히 다르다는 것을 보여 주어야 한다.

• 성능지표 목표 및 측정방법 작성 샘플

사업계획서를 작성할 때 가장 어려워하는 부분이 바로 '성능지표 목표 및 측정방법'이다. 사업계획서 평가 중 가장 많은 지적이 여기서 나온다. 그만큼 중요한 부분이다. 샘플1, 2, 3은 중소기업 기술개발사업 종합관리시스템에서 공개한 개발 분야별 샘플이다. 해당 사이트 공지사항에서 '사업계획서 작성 예시자료(사업계획서 part2)'를 다운로드할 수 있고 그 안에 성능지표 및 목표 샘플을 확인할 수 있다. 중소기업 기술개발 지원 분야는 기계, 소재, 전기, 전자, 화학, 바이오, 의료, 에너지, 정보통신 등 다양하다. 대부분은 표준화되고 규격화된 평가지표가 존재한다. 물리, 화학 등 과학적인 수치로 나타낼 수 있다. 해당분야 제품을 개발하는 초기기업은 성능지표 및 목표를 정하는 데 큰 어려움은 없다. 하지만 앱, 플랫폼, 서비스 등 SW분야의 개발은 성능지표를 찾아내는 것 자체가 어렵다. SW분야는 성능보다는 기능이 중요하기 때문이다. 중소기업 기술개발사업 종합관리시스템에서 샘플(샘플1)이 제공하고 있는 SW분야 성능지표는 처리량, 시각화, 데이터베이스 응답속도, Notification 응답속도, 연동 IoT 플랫폼 수, 알고리즘 건수 등이다. 이러한 성능지표는 기술개발의 능력으로 달성하는 것이 아니라 HW장비만 추가해도 쉽게 달성할 수 있는 기준이다. **실제로 smtech 성능지표를 이용해 사업계획서를 제출하면 '성능지표가 모호하여 개발제품의 성능을 파악할 수 없어 미흡함.'이라는 평가를 받는 경우가 많다. 샘플4~8은 SW분야에서 실제 활용할 수 있는 성능지표를 제시하니 사업계획서를 작성할 때 참고하기 바란다.**

① 성능지표 샘플1: SW개발 분야

<주요 성능지표 개요>

주요 성능지표[1]	단위	최종 개발 목표[2]	세계최고수준[3] (보유기업/보유국)	가중치[4] (%)	측정기관[5]
처리량	건	○○ 건/초	무제한 (Amazon/미국)	20	TTA 공인기관인증시험
시각화	건	○○ 건	50건 (Google/미국)	20	자체시험, 평가 시 시연
데이터베이스 응답속도	ms	○○ ms	500ms (Oracle/미국)	20	TTA 공인기관인증시험
알고리즘	건	○건	-	20	자체시험, 평가 시 시연
Notification 응답속도	초	○초	-	10	TTA 공인기관인증시험
연동 IoT 플랫폼 수	건	○건	무제한 (Amazon/미국)	10	TTA 공인기관인증시험

※ 수행기관 자체 측정 지표 사유: 처리량, 시각화 등 단순 증빙이 가능한 것들은 자체 시험으로 증빙하도록 함

<시료 정의 및 측정방법>

주요 성능지표	시료정의	측정시 료 수[6]	측정방법[7](규격, 환경, 결과치 계산 등)
처리량	실시간 처리량 분석을 위한 임의 시계열 데이터발생기를 통한 데이터 처리량	-	플랫폼 데이터 수집 처리단의 데이터 시계열 포인트 수, 구성된 플랫폼 내의 1초에 처리할 수 있는 실시간 처리 및 데이터베이스 저장, 초당 플랫폼에서 데이터를 수집 및 처리하여 데이터가 저장 되는 것까지 확인, TTA 시험성적서로 처리량 목표 달성 여부 검증
시각화	IoT에서 생성되는 실시간 시계열 데이터	-	분석 시스템에서 제공하는 시각화 기법 확인, 기본 시계열 데이터를 표현하는 정량적인 시각화 화면수를 체크
데이터베이스 응답속도	분한 환경 기반의 IoT 시계열 데이터 조회	-	○○만 건 이상의 시계열데이터를 서버에 질의하여 사용자에게 전달되는 데 걸린 시간 측정, TTA 시험성적서로 데이터베이스 응답 속도 목표 달성 여부검증
알고리즘	IoT에서 생성되는 실시간 시계열 데이터	-	데이터 포인트 별로 적용할 수 있는 분석 알고리즘의 개수 확인, 연동된 IoT 디바이스의 실제 데이터를 기반으로 분석 적용 가능 알고리즘 확인
Notification 응답속도	분석 및 이벤트 발생 시 사용자에게 응답 전송	-	이벤트 발생 시점에서부터 사용자 인터페이스로 Notification이 도달하는 데 걸리는 시간 측정, TTA시험성적서로 이벤트 검출에 따른 사용자 응답 속도 목표 달성 여부 검증
연동 IoT 플랫폼 수	분석 시스템과 연동되는 개방형 IoT 플랫폼	-	이기종 플랫폼 연동을 통한 데이터 취득 확인, 연동을 위한 API 및 제공 방식 확인 검증을 통한 연동플랫폼 수 측정, TTA 시험성적서로 연동 IoT 플랫폼 수 목표 달성 여부 검증

※ 시료수 5개 미만(n<5개) 지표 사유: 시료수 문제는 없는 것으로 판단됨

※ 중소기업기술개발 종합관리시스템 사업계획서 작성 예시 문서 발췌

② 성능지표 샘플2: 화학제품 분야

\<주요 성능지표 개요\>					
주요 성능지표[1]	단위	최종 개발목표[2]	세계최고수 준[3] (보유기업/보유국)	가중치[4] (%)	측정기관[5]
1. 바이오매스함량 (Biomass-PU)	%	○○ 이상	-	15	한국의류시험연구원, FITI 시험연구원 ASTM D 6866
2. 두께	μm	○○	15~20	5	KS K ISO 5084
3. 내수도	mmH2O	○○ 이상	10,000	15	KS K ISO811(저수압법)
4. 투습도	g/m2/24h	○○ 이상	8,000	15	KS K 0594 (초산칼륨법)
5. 내한 굴곡 후 내수도	mmH2O	○○ 이상	6,000	20	KS M ISO 17694 준용 (20,000회/-20℃) KS K 0591 (저수압법)
6. 인장 강도	N	○○ 이상	5~10	5	KS K 0520(그래브법)
7. 인열 강도	N	○○ 이상	15	5	KS K 0535(펜듈럼법)
8. 발수도	급	○	4-5	10	KS K 0590 (스프레이법)
9. 박리 강도	N	○○ 이상	15	10	ISO 2411

※ 수행기관 자체 측정 지표 사유: 해당 없음

\<시료 정의 및 측정방법\>			
주요 성능지표	시료정의	측정시 료 수[6]	측정방법[7](규격, 환경, 결과치 계산 등)
1.바이오매스함량 (Biomass-PU)	Biomass-PU필름	2	첨단 가속질량분석기 (Accelerator Mass Spectrometry: AMS)
2. 두께	하이브리드 필름	5	KS K ISO 139에 규정된 상태에서 컨디셔닝 된 시험편으로 두께 측정
3. 내수도	원단과 필름이 합쳐진 라미네이팅 원단	5	KS K ISO 139에 규정된 상태에서 컨디셔닝 된 시험편으로 내수도 측정
4. 투습도	원단과 필름이 합쳐진 라미네이팅 원단	5	양변에서 전폭의 1/10씩 양끝에서 100cm 이 상 떨어진 곳에 채취함
5. 내한 굴곡 후 내수도	원단과 필름이 합쳐진 라미네이팅 원단	5	KS M 17694 준하는 시험기기에서 내한 굴 곡 후 내수도를 측정
6. 인장 강도	원단과 필름이 합쳐진 라미네이팅 원단	5	표준화상태의 습윤 상태에서 정속 인장식 (CRE) 시험기를 사용함
7. 인열 강도	원단과 필름이 합쳐진 라미네이팅 원단	5	예비컨디셔닝, 컨디셔닝 및 시험환경은 KS K ISO139에 따라야 함
8. 발수도	원단과 필름이 합쳐진 라미네이팅 원단	5	별도로 규정되어 있지 않고 발수 처리된 표면 을 고르고 평평하게 당겨서 측정
9. 박리 강도	원단과 필름이 합쳐진 라미네이팅 원단	5	시험편을 KS M ISO 2231의 방법에 따라 전 처리 하고 박리강도 측정 규격에 따라 시험을 진행함

※ 시료수 5개 미만(n<5개) 지표 사유: 바이오매스 함량 측정은 기기측정으로 2회로 충분히 검
증된다고 판단됨. 수지합성이 연차별 1~2회 정도 이루어지기 때문에 같은 시료로 반복 측정하는
것은 비용 부담이 너무 큼

※ 중소기업기술개발 종합관리시스템 사업계획서 작성 예시 문서 발췌

③ 성능지표 샘플3: 기계소재 분야

<table>
<tr><td colspan="7" align="center"><주요 성능지표 개요></td></tr>
<tr>
<th>주요
성능지표[1]</th>
<th>단위</th>
<th>최종
개발목표[2]</th>
<th>세계최고수준[3]
(보유기업/보유국)</th>
<th>가중
치[4]
(%)</th>
<th>측정기관[5]</th>
</tr>
<tr>
<td>1. Capacity</td>
<td>ml/h</td>
<td>○○ 이상</td>
<td>1,500
(일본/Yoshida)</td>
<td>20</td>
<td>자체평가/입회시험</td>
</tr>
<tr>
<td>2. Nozzle
Gap</td>
<td>μm</td>
<td>○○ 이하</td>
<td>70 μm
(일본/Yoshida)</td>
<td>15</td>
<td>자체평가/입회시험</td>
</tr>
<tr>
<td>3. 압력</td>
<td>Psi</td>
<td>○○ 이상</td>
<td>1,000
(이태리/GAE)</td>
<td>20</td>
<td>ICP-MS(한국화학시험연구원)</td>
</tr>
<tr>
<td>4. Contamination</td>
<td>%</td>
<td>○○ 이하</td>
<td>0.001
(이태리/GAE)</td>
<td>15</td>
<td>TEM(나노융합기술연구원)</td>
</tr>
<tr>
<td>5. 나노입자
크기</td>
<td>nm</td>
<td>○○ 이하</td>
<td>60</td>
<td>10</td>
<td>ICP-MS(한국화학시험연구원)</td>
</tr>
<tr>
<td>6. 분산도</td>
<td>Span</td>
<td>○○ 이하</td>
<td>3.0</td>
<td>10</td>
<td>ICP-MS(한국화학시험연구원)</td>
</tr>
<tr>
<td>7. 온도</td>
<td>℃</td>
<td>○○ 이하</td>
<td>30
(이태리/GAE)</td>
<td>10</td>
<td>자체 평가/입회 시험</td>
</tr>
</table>

※ 수행기관 자체 측정 지표 사유: 성능지표 1의 경우, 3축 고압 분산기의 처리 용량으로 투입 분말 대비 생산되는 분말의 용량을 의미하는 것으로 ○○○○ml/h을 자체 평가를 통해 검증. 성능지표 2의 노즐 gap은 분산 압력 및 입자의 크기에 따른 분말의 분사 노즐의 크기를 의미하며, 자체 평가를 통해 제어 가능한 노즐의 크기를 측정. 성능지표 7은 고압 분산기를 이용하여 분산된 분말을 함유한 용액의 온도를 측정하는 것으로 보정된 온도측정 장치를 이용하여 자체평가 및 입회 시험 수행

<table>
<tr><td colspan="4" align="center"><시료 정의 및 측정방법></td></tr>
<tr>
<th>주요
성능지표</th>
<th>시료정의</th>
<th>측정시
료수[6]</th>
<th>측정방법[7](규격, 환경, 결과치 계산 등)</th>
</tr>
<tr>
<td>1. Capacity</td>
<td>초고압분산기의 처리용량</td>
<td>5</td>
<td>일반 상온 및 대기 조건에서 초고압 분산 장치를 통해 처리되는 시료를 시간당 부피를 측정. 부피 측정 방법은 정량 용기를 이용하거나 피스톤을 이용하여 부피 측정</td>
</tr>
<tr>
<td>2. Nozzle
Gap</td>
<td>초고압 분산기의 분사 노즐의 gap size</td>
<td>5</td>
<td>일반 상온 및 대기 조건에서 초고압 분산 노즐의 gap size를 3차원 측정기를 이용하여 측정 (정밀도 ○○ μm 이내)</td>
</tr>
<tr>
<td>3. 압력</td>
<td>나노 분말의 분산 시 가해지는 압력</td>
<td>5</td>
<td>일반 상온 및 대기 조건에서 초고압 분산기의 노즐을 통해 분사되는 시료의 압력을 측정</td>
</tr>
<tr>
<td>4. Contamination</td>
<td>최종 분산 후 분말의 불순물 함량</td>
<td>5</td>
<td>XRF 또는 XRD를 이용하여 불순물의 정성분석 실시 후 ICP 분석을 이용하여 불순물 정량 분석</td>
</tr>
<tr>
<td>5. 나노입자
크기</td>
<td>초고압 분산 및 분급 후 분말의 입자의 크기</td>
<td>5</td>
<td>나노입자를 분석하기 위해서는 투과전자현미경을 이용하여 나노입자의 크기를 분석 (○○ nm 이하)</td>
</tr>
<tr>
<td>6. 분산도</td>
<td>초고압 분산 및 분급 후 분말의 분산도</td>
<td>5</td>
<td>PSA 분석을 통하여 D50, D10, D90 값을 분석하여 분산도(span=(D90-D10)/D50)를 계산함</td>
</tr>
<tr>
<td>7. 온도</td>
<td>초고압 분산 후 분말을 함유한 용액의 온도</td>
<td>5</td>
<td>보정된 온도측정 장치를 이용하여 초고압 분산기를 통해 처리된 시료의 온도를 측정</td>
</tr>
</table>

※ 시료수 5개 미만(n<5개) 지표 사유:

※ 중소기업기술개발 종합관리시스템 사업계획서 작성 예시 문서 발췌

④ 성능지표 샘플4: 기능 위주 SW플랫폼 분야

<주요 성능지표 개요>

주요 성능지표[1]	단위	최종 개발목표[2]	기술개발 전 수준	세계최고수준 또는 수요처 요구수준[3] (해당기업)	전체항목에서 차지하는 비중[4](%)	평가방법[5]
○○○서비스 기능 이용 플로우 정합도	%	100%	-	100%	20	공인 시험·인증기관
○○○○서비스 기능 이용 플로우 정합도	%	100%	-	100%	20	공인 시험·인증기관
App 디자인 UX/UI 만족도	점	80점	-	80점	15	외부 서비스 만족도 조사기관
○○○○ 회원가입 건 수	건	100건 이상	75건	-	5	공인 시험·인증기관
○○○○ 등록 건 수	건	5,000건 이상	3,100건	-	5	공인 시험·인증기관
○○추천(매칭) 알고리즘 정확도	%	80% 이상	-	80점 이상	20	공인 시험·인증기관
수익 예측 알고리즘 정확도	%	80% 이상	-	80점 이상	5	공인 시험·인증기관
서비스 사용자 (100명)만족도	점	80점 이상	-	80점 이상	10	외부 서비스 만족도 조사기관

※ 수행기관 자체 측정 지표 사유: 해당 없음

<시료 정의 및 측정방법>

주요 성능지표	시료정의	측정시료 수[6] (n≥5개)	측정방법[7](규격, 환경, 결과치 계산 등)
○○○서비스 기능 이용 플로우 정합도	가상 ○○○의 테스트 이용 시나리오	20	① ○○○가 회원가입하고 ② ○○정보와 선호사항을 등록하고 ③ ○○○○를 개설하거나 ④ ○○대여를 신청하여 ⑤ ○○ (소상공인)과 매칭되어 ⑥ 매출내역을 확인하고 ⑦ 정산수수료가 지급되는 플로우가 작동되는지 20회 이상 확인하여 100% 성공을 확인함.
○○○○서비스 기능 이용 플로우 정합도	가상 ○○의 테스트 이용 시나리오	20	① ○○가 회원가입하고 ② 브랜드정보와 상품정보, 선호정보를 등록하고 ③ ○○○○와 ④ ○○임대를 검색하여 ④ ○○임대를 신 청하고 ⑤ 매칭 된 제품을 판매하고 ⑥ 매출내역을 확인하고 ⑦ 정산수수료가 지급되는 플로우가 작동되는지 20회 이상 확인하 여 100% 성공을 확인함.
App 디자인 UX/UI 만족도	알파/베타테스트 시 ○○○○, ○○ 설문조사	100	① 외부 서비스 만족도 조사기관에 의뢰하여 ② 디자인 만족도 설문항목을 만들어 ③ 온라인으로 답변할 수 있도록 ④ 공지사 항/이벤트안내 등을 통해 설문조사를 공고하여 ⑤ UX/UI만족도 를 100점 척도로 조사하여 평균 80점 이상의 만족도를 획득함.
○○○○ 회원가입 건 수	실제 대형 쇼핑몰로 구분되는 회원 DB	1	① 시스템관리자 기능에서 ② 대형 쇼핑몰 가입자 DB 전체를 확 인하여 ③ 총 100건 이상의 대형 쇼핑몰 가입자 수를 확인함. 대 형쇼핑몰 명단.
○○○○ 등록 건 수	가입한 소상공인 회원 DB	1	① 시스템관리자 기능에서 ② 소상공인(○○) DB 전체를 확인하 여 ③ 총 5,000건 이상의 ○○ 가입자 수를 확인함.
○○추천(매칭) 알고리즘 정확도	가상 ○○○○○○ 기획데이터(조건)과 MD 선택 데이터	100	① 가상 ○○○○○○ 기획 데이터를 생성하여 ② ○○ 데이터 전체에서 ③ ○○○의 정보와 ④ 현재의 일반상황(계절적, 시간 적)과 ⑤ ○○의 기본데이터와 그동안의 실적자료를 확인하여 ⑥ 전체 추천리스트를 선정하고 ⑦ 중요 계수에 따라 추천강도를 수치화하여 ⑧ 추천순위를 제공함.
수익 예측 알고리즘 정확도	알파/베타테스트 시 예측한 데이터 및 실제 판매 데이터	100	① ○○○○○○ 기본 진행조건을 확인하여 ② 그 조건과 가장 유사한 팝업행사 3건을 선정하고 ③ 해당 ○○○○○○에 참여 한 브랜드별로 매출데이터를 뽑아 평균을 낸 뒤 ④ 신청사의 매 출을 예측함.
서비스 사용자 (100명)만족도	알파/베타테스트 시○○○○, ○○ 설문조사	100	① 외부 서비스 만족도 조사기관에 의뢰하여 ② 서비스 전체 만 족도 설문항목을 만들어 ③ 온라인을 통해 답변할 수 있도록 ④ 공지사항/이벤트안내 등을 통해 설문조사를 공고하여 ⑤ 서비스 전체 만족도를 100점 척도로 조사하여 평균 80점 이상의 만족도 를 획득함.

※시료수 5개 미만(n<5개) 지표 사유: 회원수는 본 과제 중요 성공지표로 실DB 1개로 확인가능.

⑤ 성능지표 샘플5: 기본 성능지표 응용

<주요 성능지표 개요>

주요 성능지표[1]	단위	최종 개발목표[2]	기술 개발 전 수준	세계최고수준 또는 수요처 요구수준[3] (해당기업)	전체항목에 서 차지하는 비중[4](%)	평가방법[5]
웹(Web)서버 응답속도	sec	max 2초 이하	개발 전	-	20%	한국정보통신기술협회 V&V 시험성적서
API 동시접속자수	명	1000	개발 전	-	15%	한국정보통신기술협회 V&V 시험성적서
데이터베이스 응답속도	sec.	max. 2초 이하	개발 전	500ms (Oracle/미국)	15%	한국정보통신기술협회 V&V 시험성적서
이기종간 메시지 전송 시 Notification Push 속도(메시지 즉시성)	sec.	5초 이하	개발 전	20초 이하 (일반 이용자)	15%	한국정보통신기술협회 V&V 시험성적서
중복방지 즉시알림 속도	sec.	2초 이하	개발 전	3초 이내 (일반 이용자)	15%	한국정보통신기술협회 V&V 시험성적서
음성명령 메시지 전송률	%	60%	개발 전	92.9%	20%	한국정보통신기술협회 V&V 시험성적서

⑥ 성능지표 샘플6: 기능의 정합도 위주 작성

<주요 성능지표 개요>

주요 성능지표[1]	단위	최종 개발목표[2]	기술개 발 전 수준	세계최고수준 또는 수요처 요구수준[3] (해당기업)	전체항목에 서 차지하는 비중[4](%)	평가방법[5]
비대면/언택트 프로세스 적용 수	건	핵심 건수 5건 이상	개발 전	결제, 수령, 추가결제, 취소요청 모두 언택트 처리	5%	공인 시험·인증기관
요청을 위한 최소 버튼 조작 수	개	2개 이하	개발 전	앱 실행 후 최대 2회 터치로 요청해결	10%	공인 시험·인증기관
개수 선택/요청/취소 정합도	%	100%	개발 전	프로세스 정합도 100%	20%	공인 시험·인증기관
예정일시 알고리즘 정확도	%	100%	개발 전	4가지 기준에 따라 예정일 표시	5%	공인 시험·인증기관
요청/배송 정합도	%	100%	개발 전	프로세스 정합도 100%	20%	공인 시험·인증기관
잔여업무 이월 처리 정합도	%	100%	개발 전	업무이월처리	10%	공인 시험·인증기관
신규 등록 시 서비스 옵션 수	건	3건 이상	개발 전	서비스 종류, 월 기본 이용횟수, 가격 선택	10%	공인 시험·인증기관
옵션에 따라 앱 UI 자동적용 정합도	%	100%	개발 전	옵션에 따라 가입자 App UI에 정확히 반영됨	20%	공인 시험·인증기관

⑦ 성능지표 샘플7: 기본 성능지표 + 기능정합도

<table>
<tr><th colspan="7"><주요 성능지표 개요></th></tr>
<tr>
<th>주요 성능지표[1]</th>
<th>단위</th>
<th>최종
개발목표[2]</th>
<th>기술개
발 전
수준</th>
<th>세계최고수준
또는 수요처
요구수준[3]
(해당기업)</th>
<th>전체항목
에서
차지하는
비중[4](%)</th>
<th>평가방법[5]</th>
</tr>
<tr>
<td>3D
스캔→모델링→임시출력→
주문 플로우 정합도</td>
<td>%</td>
<td>100%</td>
<td>개발
전</td>
<td>치과병의원
100%</td>
<td>30%</td>
<td>대학병원의사의
시험성적서</td>
</tr>
<tr>
<td>치과 3D 스캐닝정보의
전송 응답속도</td>
<td>sec.</td>
<td>10초
이하</td>
<td>개발
전</td>
<td>치과병의원
최대 60초 이내</td>
<td>5%</td>
<td>공인시험인증기관
V&V 성적서</td>
</tr>
<tr>
<td>3D 프린터 모델링자료의
치과전송 Response Time
과 Notification Push 속도</td>
<td>sec.</td>
<td>10초
이하</td>
<td>개발
전</td>
<td>치과병의원
최대 60초 이내</td>
<td>5%</td>
<td>공인시험인증기관
V&V 성적서</td>
</tr>
<tr>
<td>치과에 전송된 3D 프린터
모델링데이터를 통한
임시 보철 출력 정확도</td>
<td>%</td>
<td>100%</td>
<td>개발
전</td>
<td>치과병의원
100%</td>
<td>30%</td>
<td>대학병원의사의
시험성적서</td>
</tr>
<tr>
<td>3D 프린터 모델링
데이터 승인거부에 따른
재작업 프로세스 정합도</td>
<td>%</td>
<td>100%</td>
<td>개발
전</td>
<td>치과병의원
100%</td>
<td>5%</td>
<td>공인시험인증기관
V&V 성적서</td>
</tr>
<tr>
<td>3D 프린터 모델링데이터
승인처리에 따른 기공소
주문처리 Response Time
과 Notification Push 속도</td>
<td>sec.</td>
<td>10초
이하</td>
<td>개발
전</td>
<td>치과병의원
최대 60초 이내</td>
<td>5%</td>
<td>공인시험인증기관
V&V 성적서</td>
</tr>
<tr>
<td>기공소 전달 3D 프린터
모델링 데이터의 최종
보철물 출력 정확도</td>
<td>%</td>
<td>100%</td>
<td>개발
전</td>
<td>치과병의원
100%</td>
<td>10%</td>
<td>치과, 기공소
당사 3자 연계
자체테스트</td>
</tr>
<tr>
<td>치과의사의 Order sheet가
기공소에 전달되는
프로세스에서의 무결성</td>
<td>%</td>
<td>100%</td>
<td>개발
전</td>
<td>치과병의원
100%</td>
<td>10%</td>
<td>공인시험인증기관
V&V 성적서</td>
</tr>
</table>

⑧ 성능지표 샘플8: 외부기관 만족도(설문)

<table>
<tr><th colspan="7"><주요 성능지표 개요></th></tr>
<tr>
<th>주요 성능지표[1]</th>
<th>단위</th>
<th>최종
개발목표[2]</th>
<th>기술개
발 전
수준</th>
<th>세계최고수준 또는
수요처 요구수준[3]
(해당기업)</th>
<th>전체항목에서
차지하는
비중[4](%)</th>
<th>평가방법[5]</th>
</tr>
<tr>
<td>○○○ 기능
플로우 정합도</td>
<td>%</td>
<td>100%</td>
<td>-</td>
<td>100%</td>
<td>30</td>
<td>공인
시험·인증기관</td>
</tr>
<tr>
<td>App 디자인
UX/UI 만족도</td>
<td>점</td>
<td>80점</td>
<td>-</td>
<td>80점</td>
<td>15</td>
<td>외부 만족도
조사기관</td>
</tr>
<tr>
<td>공급자
회원가입 건 수</td>
<td>건</td>
<td>100건 이상</td>
<td>75건</td>
<td>-</td>
<td>5</td>
<td>공인
시험·인증기관</td>
</tr>
<tr>
<td>소비자
등록 건 수</td>
<td>건</td>
<td>5,000건
이상</td>
<td>3,100건</td>
<td>-</td>
<td>5</td>
<td>공인
시험·인증기관</td>
</tr>
<tr>
<td>추천(매칭)
알고리즘 정확도</td>
<td>%</td>
<td>80% 이상</td>
<td>-</td>
<td>80점 이상</td>
<td>30</td>
<td>공인
시험·인증기관</td>
</tr>
<tr>
<td>수익 예측
알고리즘 정확도</td>
<td>%</td>
<td>80% 이상</td>
<td>-</td>
<td>80점 이상</td>
<td>5</td>
<td>공인
시험·인증기관</td>
</tr>
<tr>
<td>서비스 사용자
(100명)만족도</td>
<td>점</td>
<td>80점 이상</td>
<td>-</td>
<td>80점 이상</td>
<td>10</td>
<td>외부 만족도
조사기관</td>
</tr>
</table>

성능지표 및 목표는 모호하면 안 된다. 기술개발 결과물의 기능이 아닌 성능의 목표치를 측정 가능한 수치로 표현해야 한다. 작동여부, 실행여부 등 기능에 대한 내용을 쓰면 지적받는다. **그래서 SW분야 경우에 '기능 정합도'는 것을 성능지표로 활용한다.** 동작여부가 아니라 동작률, 실행여부가 아니라 실행률 등으로 표현하고 달성목표를 %로 표현하면 된다. 성능지표 및 목표에서 '기능 정합도'를 쓸 때는 2~3가지 정도만 활용해라. 너무 많으면 지적사항이 된다. 또 **고객, 서비스 만족도도 성능지표로 인정된다.**

성능지표 샘플7은 SW플랫폼 개발에 활용할 수 있는 성능지표 사례다. 반응속도, 데이터베이스 응답속도, 플로기능의 정합도, 프로세스 무결성 등 기본 성능지표와 기능의 정합도를 골고루 이용했다. **무엇보다 주요 성능지표 내용자체를 길게 작성했다.** 간단하게 '응답속도'라고 쓰는 것보다는 '3D 프린터 모델링데이터 승인처리에 따른 기공소 주문처리 Response Time과 Notification Push 속도'라고 상세하게 성능지표를 쓰면 훨씬 성의 있어 보인다. 성능지표 샘플8에 있는 ○○○알고리즘 정확도, 사용자 만족도도 SW분야에 있어서 주요한 성능지표로 활용될 수 있다.

마지막으로 평가방법은 모두 공인시험 인증기관으로 적는 게 가장 좋다. 평가방법으로 하지 말아야 할 것이 '자체평가'다. 사업설명서는 자체평가를 넣어도 된다고 되어 있지만 그걸 이해해 주는 평가위원회를 본 적은 없다. **아무리 쉬운 성능지표도 '자체평가'는 절대로 하지 말고 반드시 '공인시험 인증기관 시험성적서'로 적어라.**

① 샘플I: 특허출원 내용을 활용

4.2 기술개발 내용

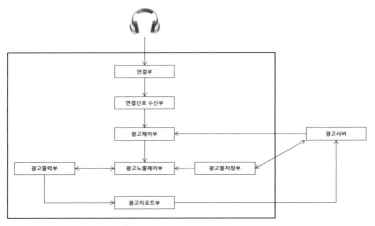

[핵심 시스템 플로우]

이어링 시스템은 그림과 같이 크게 이어폰, 디지털 디바이스(스마트폰)의 앱, 광고서버 등 3가지 요소로 구분됨. 먼저, 이용자는 자신의 디지털 디바이스(스마트폰, 일반휴대폰, 컴퓨터, 태블릿, MP3플레이어 등 오디오 출력장치를 연결할 수 있는 장치)의 연결부(연결부는 오디오 출력장치의 잭을 연결하는 물리적 장치를 말함)에 오디오 출력장치(이어폰, 헤드폰, 스피커 등)를 연결함. 오디오 출력장치가 디지털 디바이스에 물리적으로 연결되면 연결신호 수신부를 통해서 디지털 디바이스에 오디오 출력장치가 연결되었다는 전자신호를 감지할 수 있음. 연결신호수신부에서 전자신호를 광고제어부(이어링 SDK의 핵심 프로그램)로 보냄. 광고제어부는 광고저장부에 정한 여러 가지 조건(날짜, 시간, 횟수 등)에 따라서 노출할 광고의 형태, 시간 등을 고려하여 광고노출제어부로 결과값을 전송하고, 광고노출제어부는 디지털 디바이스의 디스플레이 방식에 따라서 광고를 노출. 노출된 광고에 대한 리포트는 광고리포트부에 보관되고, 광고서버로 전송. 광고서버는 디지털 디바이스에 광고물을 전송하고, 광고제어부에 광고제어정보 제공.

② 샘플2: 핵심 개발 내용의 기능정의 및 구체적 설명

순번	기능	기능 정의 및 설명
1	서버 Sync	이어링 SDK를 탑재한 제휴 앱은 주기적으로 서버와 Sync하여 광고정보, 광고제어정보, 리포트정보 등을 동기화해야 함. 이를 통해 올바르게 광고가 노출될 수 있음. 1) 클라이언트 앱의 주기적 Sync (시간대별) 정보동기화를 위해서 기본 5시간 마다 제휴 앱이 서버에 자동 Sync함(5분 간격3회). 이용자의 스마트폰이 3G, LTE, WIFI에 상관없이 통신상태가 되면 Sync함. 2) 비 주기적 Sync 제휴 앱을 실행할 때, Sync관련 Activity를 추가하여 앱 실행 시마다 Sync하도록 함. 앱 실행Sync가 되면 마지막 Sync타임을 기록함. 마지막 Sync타임을 주기적 Sync실행여부에 참조함.
2	Local 광고 DB	이어링 SDK는 Sync를 통해서 광고물을 다운로드함. 광고물 스트리밍 방식이 아닌 batch 파일 다운로드 방식으로 진행됨. 서버문제, 데이터통신상태에 대해서 매번 체크할 필요가 없어 안정성이 확보되어 다운로드 방식으로 광고를 저장함. Local 광고 DB는 제휴 앱을 대상으로 하는 광고 중에서, 광고종료기준이 도래하지 않은 광고를 다운로드하고, 광고물의 변경차수를 관리하여 차수 정보에 따른 광고물을 수정 다운로드하고, 종료광고에 대해서는 자동으로 삭제하는 프로세스를 개발. 또 광고물을 저장할 수 있는 개수를 20개로 한정하여 쓸데없는 다운로드를 방지함.
3	광고 종료 기준	이어링 광고의 종료기준은 크게 오디오 광고의 노출 기간, 오디오 광고의 노출 횟수, Push 배너광고의 접속 횟수 등으로 구분됨. 1) 진행 중인 광고의 종료기준을 다른 기준으로 변경 불가 광고등록 시, 3가지 종료기준 중 1개를 선택하여 등록하면, 해당광고가 클라이언트 DB로 전송됨. 광고 진행 중 종료기준을 다른 기준으로 변경할 수 없지만, 같은 종료기준에서의 수치 변경은 가능하고, 광고소재 등도 변경가능함. 2) 종료기준이 도래한 광고의 클라이언트 자동 삭제 Sync 시마다 클라이언트 앱 내에 저장된 광고의 종료여부를 서버에 확인하고 종료된 광고는 클라이언트 앱에서 자동 삭제 처리 함.
4	오디오 광고실행	오디오 잭 연결 신호는 안드로이드에서 제공하는 context 중 브로드캐스팅 서비스로 오디오 연결 신호를 받은 receiver만 추가하면 어느 앱에서든 신호를 감지할 수 있음. 따라서 오디오 연결 신호를 받고 난 후 오디오 광고 및 Push 광고를 실행할 수 있음. 1) 이어링 광고물 노출 시간대 설정: 하루 18시간 이어링은 오전 6시~오후 12시까지만 실행되고, 0시~오전 6시까지는 이어링 광고가 노출되지 않음. 해당 시간에 이어폰을 연결하더라도 SDK는 광고를 송출하지 않음 2) 하루 이어링 광고 노출 횟수 한정: 최대 6회 이어링 광고는 기본적으로 이어폰을 꽂을 때마다 노출되게 할 수 있으나, 너무 많은 노출의 경우 이용자 거부감 발생요인으로 최대 6회까지로 한정함. 최초 서비스의 경우 하루 3회로 제한할 예정이며, 서비스가 활성화됨에 따라 증가 여부결정. 서버에서 설정이 가능하도록 개발. 3) 이어폰 연결 후 광고 시작 시간: 기본 1.5초 이내 광고 실행 이어폰 연결 후 이어링 광고가 노출되기 시작하는 시간에 대한 정의로 기본 1.5초 이내에는 오디오 광고가 노출 되어야 함. 이어폰을 연결하고, 해당 시간에 노출될 수 있는 광고를 선정하여 노출됨. 1.5초 이후에 광고가 노출되도록 설정도 가능. 4) 1회 이어폰 연결 후 광고 노출하는 건수의 설정: 기본 1건 이어링광고는 기본 15초 길이로, 30초간 내비게이션하는 동안 2개까지도 광고노출이 가능하기 때문에, 서버 설정을 통해, 한 번 이어폰 연결 시 광고노출되는 광고 건수의 수를 조정할 수 있음.

③ 샘플3: 메뉴(기능) 정의서를 활용

No.	화면 및 기능 1	2	3	4	5	6
4	공통기능	공지사항	목록조회	내용조회		
5		알림창(POPUP)				
6	센터기능	Clinic 주문관리	주문검색			
7			주문목록조회	내용조회	스캔파일 내려받기	
8					보철 치/CAD 제작 Order	
9					환자 정보	
10					Clinic 정보	
11					CAD 파일 올리기	
12					CAD 작업 상세 내용	
13					작업한 CAD 파일 Clinic에서 보기	
14					보철용 CAD 1차 컨펌	
15					보철용 CAD 2차(최종) 컨펌	
16					답변닫기	
17					답변 전송	문자메시지로 답변 전송
18					엑셀파일로 저장	메신저로 답변 전송
20		기공소 주문관리	주문검색			
21			주문목록조회	내용 조회	내용변경 저장	
22					Clinic 작업 지시 사항 확인	
23					Clinic 작업 지시 이행 결과 답변 닫기	
24					주문결제	카드결제
25						에스크로 결제
26			주문등록	CAD 파일 올리기		
27				CAD 파일 내리기		
28				주문결제	카드결제	
29					에스크로 결제	
30				주문저장		
31		실적관리	실적검색			
32			실적조회	기간별 실적	년도별	
33					분기별	
34					월별	
35				지역별	지역별	
36				그룹별	그룹별	
37				개인별	개인별	
38				엑셀파일로 저장		
39		모니터링	Clinic 3D 프린터 모니터링	장비 현황	연결상태	
40					장비 동작상태(대기, 출력, 완료)	
41				원격 지원	원격 장비 재시동/초기화	
42					프린팅 재료 및 소모품 현황	
43					Trouble Shooting	
44				실적 및 통계	고장 및 수리 통계	
					장비 가동률, 부품별 고장 등	
46					엑셀파일로 저장	
47			기공소 출력 장비 모니터링	장비 현황	연결상태	
48					장비 동작상태(대기, 출력, 완료)	
49				실적 및 통계	프린팅 재료 현황	
50					출력장비별 가동 이력	
					고장 및 수리 통계	
52					엑셀파일로 저장	
53		관리자 기능	공지사항	목록검색		
54				목록조회	내용 조회/편집	내용저장
55						내용삭제
56				내용 등록		
57			결제관리	결제 계좌 관리	등록/변경	저장
58					삭제	
59				결제내역 조회	엑셀파일로 저장	
60			회원정보관리	회원검색		
61				회원목록조회	정보조회 및 편집	정보저장
62						정보삭제
63				회원등록	정보저장	
64	Clinic용 기능	주문검색				
65		주문목록조회	내용조회	스캔 파일 올리기		
66				CAD 파일 올리기		
67				CAD 파일 내려받기		
68				CAD 파일 Clinic 모니터에 보기		
69					1차 확인 및 컨펌	Clinc 내 3D Printe 출력
70				CAD 파일 수정 사항 지시	2차 확인 및 컨펌(최종)	기공소로 파일 전송
71					추가확인 및 컨펌	
72				CAD 파일 3D 프린터로 출력하기		
73				답변닫기	답변저장	
74				주문결제	카드결제	
75					에스크로 결제	
76		주문등록	스캔파일 올리기			
77			스캔파일 지우기			
78			주문결제	카드결제		
79				에스크로 결제		
80			주문저장			
81	기공소용 기능	주문검색				
82		주문목록조회	내용조회	CAD 파일 내려받기		
83				CAD 파일 올리기		
84				CAD 파일 3D 프린터로 출력하기		
85				CAD 파일 3D CNC로 출력하기		
86				출력 현황 보고		
87				답변닫기	답변저장	

④ 샘플4: 데이터베이스 구성도 및 테이블 활용

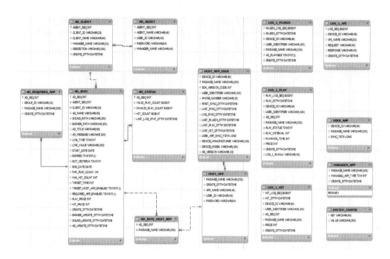

테이블명	설명
AD_CLIENT	광고주 정보를 나타내는 테이블로 광고주 정보관리 요구사항에 따라 칼럼 변경
AD_INFO	광고 정보를 담고 있는 칼럼. 각 광고에 대한 상태 정보(재생 횟수, 링크 클릭 회수, 최종 통계에 반영된 로그 일시)는 AD_STATUS 테이블에 따로 저장. AD_INFO 와 AD_STATUS 테이블은 1:1 관계
AD_STATUS	광고의 진행 상태를 나타내는 테이블. 준비 중, 진행 중, 종료로 구분
MANAGED_APP	이어폰 연결 시 해당 앱들이 Foreground 로 실행되고 있다면, 광고가 실행되지 않음 오디오 기능 충돌방지를 위한 대상 앱 관리 테이블
AD_PLAY_LOG	광고가 재생될 때마다 생성이 되는 RAW 로그 정보로 편집 후 관리자 적용
SYSTEM_CONFIG	시스템 설정값을 나타내는 테이블 관리자에서는 새로운 KEY를 등록하지 않고, 이미 등록되어 있는 KEY 의 VALUE 값을 수정할 수 있어야 함. 현재 사용 중인 KEY는 다음과 같음 DAILY_AD_LIMIT_TYPE (0-제한 없음, 1-광고재생 횟수로 제한, 2-이어폰 연결 횟수로 제한)한 DAILY_AD_LIMIT_COUNT CONTINUOUS_PLAY_COUNT – 이어폰 1회 연결당 광고 연속 재생 개수

⑤ 샘플5: 설계도 디자인 시안 활용

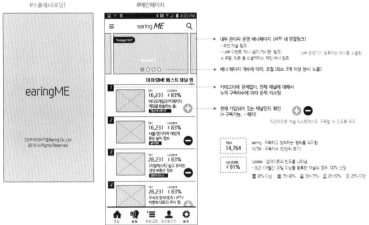

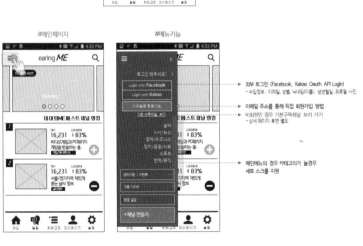

⑥ 샘플6: 시스템 구성도 활용

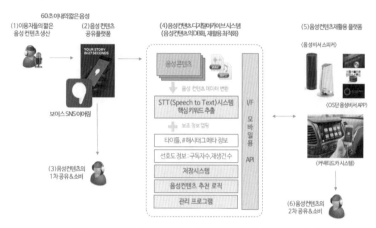

[음성콘텐츠 디지털아카이브 시스템 개념도 및 서비스 프로세스]

○ (**음성콘텐츠 수집**) 1차로 **음성SNS 서비스 플랫폼**를 통해서 이용자들이 직접 녹음한 짧은(60초 이내) 정보성 음성 콘텐츠를 지속적으로 수집.

○ (**1차 소비&공유**) 이용자들은 1차적으로 수집된 콘텐츠를 공유플랫폼에서 소비하고 공유.

○ (**저장, 편집, 정보화**) 이용자들이 직접 생산한 짧은 음성콘텐츠가 음성콘텐츠 디지털 아카이브 시스템을 통해서 음성콘텐츠의 제목, 해시태그, 길이, 포맷 및 부가 정보까지 분석하여 저장.

○ (**AI 음성비서 플랫폼 연동**) 음성콘텐츠 서비스 플랫폼은 AI인공비서와 커넥티드 카 시스템의 새로운 콘텐츠로 제공, API를 통한 연동.

○ (**2차 소비&공유**) 특히, 향후 AI음성비서 플랫폼에서 이용자의 질의응답 시 TTS의 기계어 목소리가 아닌 실제 이용자들의 목소리로 답변 제공하는 Killer 서비스로 발전.
※ 음성/오디오 관련 디지털 아카이브 시스템을 개발하여 <u>이용자들 정보성 음성콘텐츠를 쉽게 저장하고 공유할 수 있도록 하는 것이 시스템개발의 목적</u>

개발내용은 1차 년도를 기준으로 2~3페이지가 적당하다. 기술개발 최종목표에서 세부 개발내용을 그 범위 내에서 상세하게 기술하면 된다. 세부시스템에서 개발내용을 2~3개씩 뽑아내고 이미지를 넣어 개발되는 과정을 3~4항목으로 구분하여 설명하면 된다.

1. 서비스 흐름도, 시스템 구성도
2. 특허 도면 등에 있는 주요 서비스, 시스템 도면, 플로우 차트
3. 개발 메뉴 구성도, 서비스 관계도
4. 개발 기능 정의서, 개발요구사항 정의서, 대표도면
5. 개발 대표이미지, 디자인 시안
6. 관리자, 통계 페이지 시안
7. 핵심기능 상세 프로세스, 외부플랫폼 연동방안 및 서비스 흐름도
8. 프로그램 알고리즘 등

[기술 개발내용을 작성하기 위해 활용하는 자료]

창업자는 개발내용으로 활용할 수 있는 자료를 이미 많이 확보하고 있어 개발내용을 작성하는 것은 어렵지 않다. **개발내용은 새로운 논리를 다시 설명하는 것이 아니라 기존에 개발 계획한 부분이나 결과물을 나열하기만 하면 된다.** 이러한 개발 자료는 제품이나 서비스를 기획할 때부터 작성한 문서에서 찾을 수 있다. 그때 나온 산출물을 그대로 활용하면 된다.

4.3 수행기관별 업무분장

수행기관	담당 기술개발 내용	기술개발 비중(%)
주관기관	① ○○○서비스 기획 및 서비스 정책 결정 ② ○○○ App, 관리자용 App UI 설계 ③ UX/UI 컨셉 설정 및 디자인 가이드 수립 ④ 관리자페이지 기획, 통계페이지 기획 및 개발 ⑤ 개발환경구축(서버임대, 결제API, 앱마켓 등록) ⑥ App, 관리자페이지 기능 및 성능테스트 ⑦ 공인시험 인증기관을 통한 성능테스트 진행 기타. 시장조사, 테스트를 위한 제휴 추진, 제안방안	80%
외주용역 처리	① 모바일 웹/App 디자인 및 퍼블리싱 ② hybrid App 코딩, 자체검수, 앱마켓 등록	20%
총 계		100%

4.4 세부 추진일정

세부 개발내용	수행기관 (주관/참여 /수요처/ 위탁 등)	기술개발기간												비고
		1	2	3	4	5	6	7	8	9	10	11	12	
1. 계획수립 및 자료조사	주관													기획
2. App UX/UI 설계 완료	주관													설계
3. App 디자인, 퍼블리싱	외주													
4. 서버/DB시스템 구성	주관													서버
5. 서비스 프로그램, API 개발	주관													DB
6. DB 설계 및 디자인 개발	주관													개발
7. ○○○ App 개발	주관/외주													어플리케
8. 관리자용 App 개발	주관/외주													이션
9. 관리자페이지 개발	주관													
10. 시스템 통합 테스트	주관													테스트

5. 연구시설·장비보유 및 구입현황

구 분		시설 및 장비명	규 격	구입 가격* (백만 원)	구입 년도	용 도 (구입사유)	보유기관 (참여형태)
기보유 시설· 장비	자사 보유	기획/개발용 컴퓨터	LG 노트북	1.5	2021	기획 및 개발용	○○○○○ (주관기관)
		개발용 PC	조립PC	3.5	2021	테스트 서버	○○○○○ (주관기관)
		소계		5			

이 부분은 사업계획서가 표로 요구하는 내용만 채워 넣으면 된다. 업무분장의 경우 앞서 '4.1 기술개발 최종목표'에 작성했던 개발목표 세부내역을 그대로 넣어 주고 참여기관이 있는 경우 참여 비율만 조정하면 된다. 세부 추진 일정은 대략 10개 정도의 일정으로 구분하여 상세하게 작성한다. 연구시설 장비는 현재 보유하고 있는 장비를 최대한 많이 쓰고 구입은 되도록 하지 마라. 필요하면 경우 임차를 권장하며 OS 등 범용 장비구입은 절대로 넣지 마라.

사업화 목표는 연구개발결과물의 매출이 기업의 총 매출과 같아도 상관없다. 그런데 '예상 연구개발결과물 제품 매출액(B)'은 0단위나 5단위로 떨어지면 안 된다. 샘플1, 2, 3처럼 매출액에 특정한 패턴이 없어야 한다. 상세하게, 근거에 의하여 매출을 추정하면 10억, 20억, 30억, 50억, 100억, 200억 이런 식으로 특정한 패턴이 나올 수 없다. 정확하게 추정했는데도 불구하고 혹시 위와 같은 패턴으로 매출액이 예측되면 추정방법을 수정해서라도 고치는 것이 낫다. 사업화 목표 산정근거에서 기업 예상 총매출액은 그동안의 손익계산서를 근거로 작성하고 연구개발결과물의 매출은 향후 5년간 매출, 비용 예측자료의 주요내용 몇 가지를 적어 넣으면 된다.

사업화 목표에서 가장 중요한 것은 앞에서도 설명했듯이 '향후 5년간 매출, 비용, 이익 예상 목표'다. 샘플과 같이 엑셀을 활용해 5년간 매출을 예측하고 그 근거를 아주 상세하게 설명한다.

① 샘플l: 구독형 서비스의 사업화 목표

1. 사업화 목표

(단위: 백만 원, %)

사업화 성과	세부 성과지표	(2022)년 (개발종료 해당년)	(2023)년 (개발종료 후 1년)	(2024)년 (개발종료 후 2년)	(2025)년 (개발종료 후 3년)	(2026)년 (개발종료 후 4년)	(2027)년 (개발종료 후 5년)
기업 전체 성장	예상 총매출액(A)	1,942	3,008	4,182	5,473	6,891	8,460
개발기술의 사업화 성과	예상 연구개발결과물 제품 매출액(B)	828	1,734	2,726	3,808	4,988	6,284
	연구개발결과물 제품 점유비율(C) (C=(B/A)*100)	43	58	65	70	72	74

※서비스매출 성과 산정 근거

(1) 비즈니스 모델: B2B2C 모델로 먼저 제휴영업 → 개별영업

(2) 수익모델: 구독형 수익모델로 가입자당 월 6,900원 이용료 청구

(3) 수익분배 모델: 가입자당 월 ① 제휴사 4,500원(65%) ② 당사 2,500원(35%)

	매출 구분	계수	단위	2022년	2023년	2024년	2025년	2026년	2027년	2028년
전체시장	(A) 전국	2021년 5월 기준	1000	10,037	10,503	10,961	11,455	11,963	12,498	13,055
	(B) 수도권	2021년 5월 기준	1000	4,340	4,553	4,766	4,996	5,234	5,486	5,750
	(C) 이용의향	(B)의 44%	1000	1,909	2,003	2,097	2,198	2,303	2,413	2,530
유효시장	(D) 정기	(C)의 20%	1000	381	400	419	439	460	482	506
목표시장	(E) 목표가입고객	(D)*연도별점유율목표	1000	2.5	20	42	66	92	121	152
		연도별점유율목표	%	-	5.00%	10.00%	15.00%	20.00%	25.00%	30.00%
목표매출액	(F) 월 이용료 매출	(E)*6900원*6개월	1000원	103,500	828,000	1,734,660	2,726,190	3,808,800	4,988,700	6,284,520

	비용 구분	계수	단위	2021년	2022년	2023년	2024년	2025년	2026년	2027년
제휴사 수수료 (원가)	A. 인건비 (매출원가)	월 이용료 매출에서 4500원 매출액의 약 65%	1000원	67,500	540,000	1,131,300	1,777,950	2,484,000	3,253,500	4,098,600
인건비	b.고용예상인원	인건비 월 200만원 평균 6개월 고용으로 가정	1명	6	45	94	148	207	271	342
	c.직원 고용인원	연도별 목표	1명	4	4	6	8	10	12	14
	d.직원 인건비	인당 300만원*10개월	1000원	144,000	120,000	180,000	240,000	300,000	360,000	420,000
개발비	e.앱/시스템개발비	개발비	1000원	100,000	100,000					
보증금	f.사무실보증금	1곳	1000원	30,000	-	-	30,000	-	-	30,000
임대관리비	g.임대료 및 관리비	월 100만원~200	1000원	3,000	12,000	12,000	24,000	24,000	24,000	24,000
재료비	h.재료비	고객*월5개*100원, 5%여분	1000원	7,875	63,000	131,985	207,428	289,800	379,575	478,170
광고선전비	i.광고선전비	연도별 목표	1000원	30,000	30,000	30,000	40,000	50,000	60,000	100,000
기타	j.기타운영관리비	매출의 5%	1000원	-	24,840	86,733	136,310	190,440	249,435	314,226
	B.원가 제외 비용소계	나머지 비용 소계	1000원	314,875	339,840	440,718	677,737	854,240	1,073,010	1,366,396
	비용합계	A+B	1000원	382,375	879,840	1,572,018	2,455,687	3,338,240	4,326,510	5,464,996
	영업이익		1000원	-278,875	51,840	162,642	270,503	470,560	662,190	819,524
	영업이익률		1000원	-6%	9%	10%	12%	13%	13%	

[개발 이후 5년간 매출/비용/이익 예상목표]

1.1 사업화 목표 산정 근거

사업화 성과	세부 성과지표	산정근거	참고자료명
매출액 등 기업 전체 성장	예상 총매출액	<기존 사업 매출 근거> ① 지난 3년간 연평균　000백만 원 ② 3년간 연평균 성장률 14.31% ③ 2017년부터 2019년 000백만 원에 14.31% 성장 ④ 2020년 000백만 원, 2021년 000백만 원, 2022년 000백만 원 이후 2027년까지 매년 000백만 원, 000백만 원, 000백만 원, 000백만 원 000백만 원(2027년) 예상	2017~2019년 3년간 손익계산서
개발기술의 사업화 성과	예상 연구개발결과물 제품 매출액	① 전체시장: ○○○사이트의 ○○○현황 자료, 매년 성장률 2% 내외 적용 ② 유효시장: 수도권 × 이용 의향율 44%(2017년 테스트 후 설문조사 결과) × 정기 20% ③ 목표시장: 개발완료년도 테스트 1,000가구 2차년도부터 유효시장의 5%씩 시장점유 목표 ④ 매출액: 연도별 누적 가입 수 × 6,900원× 6개월(연도별 누적가입을 감안 50% 가입월 평균 50%만 적용) ⑤ 비용 및 이익 등 상세내역은 위 [개발 이후 5년간 매출/비용/이익 예상목표] 참조, 각 산정근거에 대한 수식 설명	[개발 이후 5년간 매출/비용/이익 예상목표]

② 샘플2: 무료 앱의 모바일 광고 매출

1. 사업화 목표

(단위: 백만 원, %)

사업화 성과	세부 성과지표	(2020)년 (개발종료 해당년)	(2021)년 (개발종료 후 1년)	(2022)년 (개발종료 후 2년)	(2023)년 (개발종료 후 3년)	(2024)년 (개발종료 후 4년)	(2025)년 (개발종료 후 5년)
기업 전체 성장	예상 총매출액(A)	585	689	1,083	1,488	2,477	4,391
개발기술의 사업화 성과	예상 연구개발결과물 제품 매출액(B)	-	-	270	528	1,345	3,055
	예상 연구개발결과물 제품 점유비율 (C) (C=B/A)	-	-	25%	35%	54%	70%

1.1 사업화 목표 산정 근거

사업화 성과	세부 성과지표	산정근거	참고 자료명
매출액 등 기업 전체 성장	예상 총매출액	① 기존상품: ○○○플랫폼, ○○○플랫폼 개발운영 기술력 검증: 기술연구소 설립, 기술보증 벤처기업확인 ② 3년간 매출액: 기존상품 연평균 18% 성장 2016년 000백만 원, 2017년 000백만 원, 2018년 000백만 원 2019년 000백만 원으로 예상됨. 2020년에는 000백만 원 을 시작으로 2021년 000백만 원, 2022년 000백만 원, 2023 년 000백만 원, 2024년 000백만 원, 2025년 000백만 원으 로 연평균 18%씩 증가	최근 3년간 재무제표
개발기술 의 사업화 성과	예상 연구개발 결과물 제품 매출액	① 서비스가입자: 최초 5,000명으로 시작하여 2년 후에 2022년에 50만 명 가입자 돌파(50만 명 이후에 모바일광 고 매체 활용가능) ② CPC배너광고 상품(건당 150원), 제휴광고상품 월간노출 500만 원, 제휴서비스운영대행 등 월 500만 원 매출목표, 2023년 100만 가입자 돌파 후 손해보험 회사 대상 CRM 데이터 제휴마케팅 진행(건당 5,000원 이상)	향후 5년간 목표매출 및 예상비용 분석표

※매출액 산정 근거 [향후 5년간 목표매출 및 예상비용 분석표]

구분		조건/계수	단위	2020년	2021년	2022년	2023년	2024년	2025년
이용자	App 이용자	목표	건	5,000	100,000	500,000	1,000,000	3,000,000	7,000,000
매출	배너광고	CPC 150원	천원	-	-	220,500	378,000	945,000	2,205,000
	제휴광고	회당 500만원	천원	-	-	50,000	100,000	250,000	500,000
	CRM마케팅	건당 5천원	천원	-	-	-	50,000	150,000	350,000
	매출 소계			-	-	270,500	528,000	1,345,000	3,055,000
비용	인건비	평균 400만원	천원	120,000	120,000	144,000	168,000	480,000	720,000
	마케팅비	회당 500만원	천원	10,000	30,000	60,000	100,000	150,000	200,000
	기타운영비	인건비 30%	천원	36,000	36,000	43,200	50,400	144,000	216,000
	비용 소계		천원	166,000	186,000	247,200	318,400	774,000	1,136,000
	당기순익			166,000	186,000	23,300	209,600	571,000	1,919,000

※[향후 5년간 목표매출 및 예상비용 분석표] 산출 근거

1) App 이용자: 2020년 3/4분기 출시 이후 App 다운로드/가입자 목표 (Android + iOS)

2) 배너광고 매출: CPC기준으로 건당 150원 광고비 산정

-App 이용자가 50만 이상 되는 2022년부터 광고 집행가능(모바일광고 매체로서 최소수준)

-다운로드건수×다운로드 유지율(35%에서 매년5%감소)×12개월×월1회 클릭×150원×수익(70%)

3) 제휴광고: 사업홍보제휴, 주요광고주 제휴모델, 운영비 지원받는 사업모델에 따른 매출

-월/회당 500만 원 수준 연도별로 10건, 20건, 50건, 100건으로 증가

4) CRM마케팅 제휴: 회원의 차량정보 등을 이용하여 회원마케팅에 활용

-회원정보 1건당 5000원 수준으로 제휴/ 전체다운로드 이용자의 1%가 마케팅에 활용 가정

5) 인건비: 월 400만 원, 2020~2023년까지 5~7명×50% 투입, 이후 10명/15명 100% 투입

6) 마케팅비: 라디오 팟캐스트 월 광고 500만 원 기준으로 2회를 시작으로 매년 증가

7) 기타운영비: 인건비를 제외하고 사업에 투입되는 운영비로 인건비의 약 30% 책정

③ 샘플3: 서비스, 제조 융합

1. 사업화 목표

(단위: 백만 원, %)

사업화 성과	세부 성과지표	(2022)년 (개발종료 해당년)	(2023)년 (개발종료 후 1년)	(2024)년 (개발종료 후 2년)	(2025)년 (개발종료 후 3년)	(2026)년 (개발종료 후 4년)	(2027)년 (개발종료 후 5년)
기업 전체 성장	예상 총매출액(A)	1,729	9,306	28,292	52,514	83,270	112,131
개발기술의 사업화 성과	예상 연구개발결과물 제품 매출액(B)	129	2,583	9,348	20,132	34,957	53,832
	예상 연구개발결과물 제품 점유비율 (C) (C=B/A)	7%	28%	33%	38%	42%	48%

기업 전체 매출은 2019년부터 서비스하고 있는 디지털 덴티스트리 지원센터 운영에 따른 매출로 치과에서의 의치관련 3D 스캐너와 프린터를 공급하여 모델링까지의 업무를 대행하는 사업을 진행하고 있음. 그에 따라, 3D 프린터 및 스캐너 장비공급, 운영대행, 재료구매 및 납품에 이르기까지 전 과정에서 매출이 발생함. 이번 3D 프린터 장치 개발 및 부분틀니 공정개발로 부분틀니 제작 대행까지 포함하여 매출이 증가함.

1.1 사업화 목표 산정 근거

사업화 성과	세부 성과지표	산정근거	참고 자료명
매출액 등 기업 전체 성장	예상 총매출액	○ 기존 서비스 상품: 지원센터 운영 ○ 최근 3년도 매출 -2016년도: 000백만 원 (실질적 창업 원년) -2017년도: 000백만 원 -2018년도: 000백만 원 -2019년도: 000백만 원 (약 250% 성장) ○ 2018년부터 당기 순이익 발생했으며 선행연구에 대한 업무투자로 사업이 분산되어 매출 다소 정체 ○ 2019년 DDC 오픈을 통해 2020년부터 본격적으로 치과 및 기공소를 대상으로 치과 3D 프린팅 대행업무, 3D 스캐너/프린터 장비공급, 소재공급을 통해서 매출 발생	당사의 3개년 손익계산서상 매출현황 및 성장추이
개발기술의 사업화 성과	예상 연구개발 결과물 제품 매출액	○ 향후 5년간 목표매출 및 예상비용 시뮬레이션 참고 ○ 2027년 전체 치과병원 대상 최대 40%는 3D 프린터를 도입하고 아래와 같이 부분틀니 제작대행 목표 설정 -2022년 19곳 (0.1%), 2023년 378곳 (2%) -2024년 1,366곳 (7%), 2025년 2,938곳 (14%) -2026년 5,095곳 (24%), 2027년 7,836곳 (36%) ○ 매출: 건당 50만 원 (순이익 20% 10만 원) -부분틀니 제작대행 평균 가격: 건당 50만 원 -2016년 기준, 국내 부분틀니 제작건수 227,325건 　　　　　(건강보험심사평가원 2019년 5월 발표 자료) ○ 비용: 건당 40만 원 -기공소 제작 단가: 건당 30만 원 -판매관리비: 건당 10만 원	2017년 건강 보험통계연보 국민생활밀착형 통계 100선 2019년 건강보험심사 평가원 틀니통계 5년간 매출 상세시뮬레이션

[향후 5년간 매출 및 비용 예측 상세자료]

항목		계수	2020년 (현재)	2022년 (종료)	2023년 (1년차)	2024년 (2년차)	2025년 (3년차)	2026년 (4년차)	2027년 (5년차)
국내 치과병의원 수		연평균 2.44% 증가	18,477	19,389	19,862	20,347	20,843	21,352	21,873
당사 DDC병의원 수 (목표)		월평균 3~4개 추가	-	19	378	1,366	2,938	5,095	7,836
		점유율	-	0.1%	2%	7%	14%	24%	36%
국내 틀니시술 건수		연평균 2.57%증가	391,563	422,535	433,394	444,532	455,957	467,675	479,694
		치과 연평균 시술 건수	13.28	13.65	13.67	13.69	13.71	13.72	13.74
틀니구분	완전틀니	37.35%	146,249	157,817	161,873	166,033	170,300	174,676	179,166
	부분틀니	62.65%	245,314	264,718	271,521	278,499	285,657	292,998	300,528
부분틀니 전체 시장규모 (억 원)	현재 부분틀니	건당 130만 원	3,189	3,441	3,529	3,620	3,713	3,808	3,906
	공단부담	약 90만 원 (70%)	2,232	2,408	2,470	2,534	2,599	2,666	2,734
	본인부담	약 40만 원 (30%)	956	1,032	1,058	1,086	1,114	1,142	1,172
본제품 출시 후 부분틀니 시장규모 (억 원)	3D 프린터 부분틀니	건당80만 원 약 40%절감	1,962	2,117	2,172	2,227	2,285	2,343	2,404
	공단부담	56만 원	-	1,482	1,520	1,559	1,599	1,640	1,682
	공단 절감액	6년간 절감 (5,928억)	-	926	950	974	999	1,025	1,051
	본인부담	24만 원	-	635	651	668	685	703	721
	환자 절감액	6년간 절감 (2,540억)	-	397	407	417	428	439	450
당사 매출목표 및 비용/이익 (억 원)	부분틀니 의뢰건수	점유율× 부분틀니건	-	259	5,167	18,697	40,265	69,916	107,665
	당사매출	건당 50만 원	-	1.2	25.8	93.4	201.7	349.5	538.3
	기공소 원가	건당 30만 원	-	0.7	15.5	56.0	120.7	209.7	322.9
	판매 관리비	건당 10만 원	-	0.2	5.1	18.6	10.2	69.9	107.6
	당사이익 (20%)	건당 10만 원	-	0.2	5.1	18.6	10.2	69.9	107.6

※ 시장현황, 목표매출, 비용관련 상세 근거는 아래 참고

<기대효과>

① 부분틀니제작비용 40% 절감

　6년간 국민건강보험공단 약 6,000억 원 절감, 틀니환자 약 2,500억 원 절감

② 부분틀니 제작기간 평균 4주에서 3일이내로 단축 (시간비용 절감)

③ 당사매출: 5년간 총 1,209억 원, 당기순이익 241억 원 달성

[산출 근거 상세 내역]

1) 치과병의원 개수: 2017년 총 17,607개이며, 연평균 2.44%로 증가 적용

※출처_2017년 건강보험통계연보 (한국건강보험심사평가원, 국민건강보험공단 2018년 9월)

3D 프린터 도입 치과병의원 수 참고: 2017년 기업의 평균 3D 프린팅 도입률은 8.7%, 의료/치과 업종이 15.3%로 가장 높으나 대부분 치과가 아닌 상급병원으로 추정되어 전체 평균 8.7%

※출처_2017 3D 프린팅 산업 실태 및 도향조사(정보통신산업진흥원, 과학기술정보통신부 2017년 12월)

향후 6년간 도입증가율은 국내 3D 프린팅 산업 평균 성장률인 21.4%로 적용하여 계산

※출처_2019 3D 프린팅 산업 진흥 시행 계획(과학기술정보통신부 중심의 관계부처 합동 2019년 2월 21일)

2) 당사 DDC병의원 수(의원 + 병원으로 연말 누적 목표)

당사에서 목표하는 고객 병원 개수, 개발완료 후 0.1%에서 점진적으로 증가 2027년 36% 점유 목표, 개발완료 후 2022년 하반기부터 월평균 3~4개의 병의원 추가 목표

3) 국내 틀니시술 건수

2012/2013년 평균 틀니 시술건수 244,278건, 2014년 167,610건, 2015년 248,483건, 치과당 연평균 틀니 시술 건수는 13.5건 수준으로 이를 위해 3D 프린터를 직접 구매하기 어려움

※출처_2017년 국민생활밀착형 통계 100선(국민건강보험공단)

2016년 362,861건, 2017년 373,199건, 연평균 증가율 2.57%, 2016년 362,861건 중 완전틀니 135,536건, 부분틀니 227,325건, 완전틀니 37.35%, 부분틀니 62.65% 점유

※출처_2019년 5월 건강보험심사평가원

4) 현재 부분틀니 전체 시장규모 근거

2016년 의원급 기준 부분틀니 평균가격 130만 원(병원의 경우 더 비쌈), 완전틀니는 107만~124만 원, 만 65세 이상 노인에 대해여 2017년 11월부터 틀니 본인부담금 30%(50%에서 인하), 공단부담금 70% 적용

출처_2019.5.17. 머니투데이, '틀니 빼고 넣은 '소형차 값' 임플란트, 수명은' 기사 중 2016년 보건복지부 조사 발표자료

5) 본 3D 프린터 장비 개발과 틀니공정기술개발 결과 부분틀니 제작가격을 80만 원으로 낮출 때 시장규모 현행 4주 작업을 3일 이내로 줄이면서 건당 130만 원의 비용을 80만 원으로 낮출 수 있음. 40% 절감. 그로 인해 국민건강보험공단은 연평균 약 1,000억 원 6년간 총 5,928억 원 공단부담금을 낮출 수 있음. 환자의 경우 본인부담 비용이 16만 원 줄어 연평균 415억 원씩 6년간 총 2540억 원을 낮출 수 있음.

6) 당사 매출 목표: 연도별 시장점유율에 따른 매출 적용

건당 80만 원 중 병의원 매출은 약 30만 원(거의 원데이 클리닉에 가까움)

당사 매출은 50만 원. 이 중 원가는 40만 원, 당사 순이익은 10만 원(20%)

원가의 경우 30만 원은 기공소 재료비 가공비 운임비 포함, 10만 원 당사 판매관리비

· 사업화실적(표) 작성 샘플

1.2 사업화 실적

사업화 품목명 (사업화 연도)	품목용도	품질 및 가격경쟁력	수출 여부	판매채널 (온·오프라인)
오디오 광고 솔루션(2016년)	광고솔루션	국내/일본 특허등록 국내기술이전 1건	중국 MOU	오디오App 기업제휴
엑티브 에이징 터치북(2018년)	시니어 건강	체조 전문 강의 프로그램	내수	전국총판 대리점
○○○○○SIMS (2020년)	고객센터 상담시스템	빠르고 정확한 시스템구축 능력	내수	직접영업
SurveyMarket Service(2017년)	서비스 만족도 조사	상시서비스 CRM솔루션 고도화	글로벌	직접 판매
알리페이사업 제휴(2019년)	중국판매	중국진출 위한 알리페이 ○○○○ 플랫폼 계약 추진	수출 지원	온라인
온라인 패션 플랫폼기획 (2017년)	10~30대 패션상품판매	품질경쟁력 상, 가격경쟁력 중 한정수량 기획 상품 판매	내수 수출	www.○○.com (온라인)
대형 쇼핑몰 서비스(2019년)	○○○○ 활용 지원	국내 주요 유명 ○○○/○○○ 집중 거래처 100개	74억 원 내수	당사 홈페이지 www.○○.com

[사업화실적 작성 샘플]

사업화 실적은 '최근 5년간 내수 및 수출 실적을 주력상품 위주로 작성하라'고 되어 있다. 만약 내수가 발생하고 해외수출까지 달성한 기업이라면 해당 내용을 '사업화 실적'으로 그대로 적으면 되는데 초기기업은 사업화 실적에 별로 적을 것이 없지만 빈칸으로 제출하면 안 된다. 사업화든 기술개발이든 무엇이든 써야 한다.

1. 사업화 경험이든 기술개발 경험이든 관계없다. 무조건 적어라.

2. 기업이 아닌 대표자 개인 또는 창업 멤버의 경험이라도 상관없다.

3. 많으면 많을수록 좋다. 적다면 부연 설명을 상세하게 작성해라.

4. '수출여부'는 '있다', '없다'가 아니라 '수출' 또는 '내수'로 적는다.

5. 판매채널이 없다면 '고객' 또는 '제휴사'를 써라.

· 시장규모, 경쟁사, 판로, 투자계획 작성 샘플

① 국내 · 외 시장규모 작성 샘플

구 분		현재의 시장규모(2014년)	예상 시장규모(2018년)
모바일 광고시장	세계	200억 달러(22조원)	420억 달러(46조원)
	국내	7,250억 원(2015년)	1조 7,520억 원(2019년)
산출 근거		국내시장: 2014년 12월 코카코 광고매출 조사 자료 세계시장: 2014년 10월 27일 전자신문 기사- 美 광고시장, 대세는 '모바일' 2014년 12월 Magna Global, 하나대투증권 보고자료 인용	

[모바일 광고 관련 국내 · 외 시장 규모 샘플]

앞에서 향후 5년간 예상매출을 잘 추정했다면 그것을 활용해서 쓰면 되고 사업계획서 작성 전, 자료를 수집할 때 찾은 전체시장 자료를 이용해도 상관없다. 국내시장, 세계시장의 예측년도가 같으면 좋겠지만 다르다면 각 시장규모 옆에 연도를 표시하면 된다.

② 국내 · 외 주요시장 경쟁사 작성 샘플

경쟁사명	제품명	판매가격	비고(연 판매액)
A (망했음)	AAA	**망했음** 월3만 원	가격이 터무니없이 비싸고 ○○○지급하는데 세척문제 해결불가.
B (앱 없음)	BBB	월2만 원	인력파견에 가까운 사업으로 전화로 요청하여 가입. ○○ 지역일부 진행. 인력을 직접 고용해 비용이 너무 높음. 그래도 이용함.
C (망했음)	CCC	**망했음**	앱을 통해 진행하려고 했으나 바로 망함. 서비스 할 수 없는 지역에서 가입되는 등 오류투성이
당사	XXX	**월1만 원**	**2021년 1차 오픈예정으로 ○○제휴를 통해 전국 확대 시범테스트 진행**

[국내 · 외 주요시장 경쟁사 샘플]

내 경험상 경쟁사를 열심히 분석해서 작성했더니 오히려 경쟁이 심하다는 평가를 받았다. 경쟁이 심하니 당연히 성공가능성은 낮아지는 것이다. **'나이키의 경쟁상대는 닌텐도'**(나이키와 닌텐도를 신발과 게임기의 관점에서 보는 것이 아니라 시간과 재미를 소비하는 관점에서 경쟁이라는 개념)라는 유명한 책이 있는데, 바라보는 관점에 따라서 경쟁사는 얼마든지 바뀔 수 있다. 하지만 너무 구체적으로 경쟁사를 찾아 사업계획서에 적지 마라. 이해하지 못하는 사람들로부터 공격을 받기 쉽다. 앞에서도 설명했지만 창업자는 기존 제품과 서비스의 틈새를 노리기 때문에 경쟁사가 없는 게 맞다. 그래서 경쟁사라기보다는 제휴대상이 되는 것이다. 따라서 제휴대상 관련 내용을 쓰면 더 좋겠지만 어렵다면 위 **샘플처럼 창업자 아이템의 좋은 점만 강조하면 된다. 경쟁사는 조사하되 단점만 적으면 된다.**

③ 제품화 및 양산, 판로개척 작성 샘플

구분	내용
가격	무료: 모바일 어플리케이션 무료 다운로드. 이용료 없음
초기시장 진입방안	앱 개발 후, 보도자료 통해 홍보하고 ○○협회 등 ○○커뮤니티 적극 소개를 통해 ○○○이 설치하여 구전마케팅이 가능하도록 함. 이후, 국내 유명 ICT 대기업 및 통신사에 정식제안 추진
기관 연계 홍보	커뮤니케이션 핵심 콘셉트: 국민 안전/안심을 위한 공익서비스 가. ○○○서비스 소개/홍보 (○○○ 서비스와 유사) 나. 국토교통부 '공공 교통데이터 활용 공모전', 지역수요 맞춤지원 사업 다. 한국교통안전공단, 한국도로공사, 도로교통공단, 경찰청 라. 한국인터넷진흥원 개인정보보호 산업지원 협력
초기광고	가. 라디오 팟캐스트 광고: 월 500만 원 내외로 연간 2500만 원 집행 나. 블로그 마케팅 광고: 월간 50만 원 내외로 연간 500만 원 집행
이용자 확보	위 마케팅 활동을 통해 서비스 론칭 1년간 10만 명 가입자 유치 목표

[초기시장 침투전략 샘플]

서비스 플랫폼을 개발하는 데 제품화라는 단어는 어울리지 않고 HW가 아닌 이상 양산도 필요 없다. 여기서는 판로개척에 포커스를 두고 작성하면 된다. 제품이나 서비스 개발을 완료했을 때 누구한테 처음 판매할 것인지 최대한 구체적으로 작성하면 된다.

④ 사업화를 위한 후속 투자계획 작성 샘플

구 분	(2022)년 (개발종료 해당년)	(2023)년 (종료 후 1년)	(2024)년 (종료 후 2년)	(2025)년 (종료 후 3년)	(2026)년 (종료 후 4년)	(2027)년 (종료 후 5년)
사업화 제품명	A	A	A	A	A	A
투자계획(백만 원)	83	809	1,537	2,371	3,262	4,226

※산출근거: [개발 이후 5년간 매출/비용/이익 예상목표] 자료

[사업화를 위한 후속 투자계획 샘플]

이 부분도 크게 고민할 것이 없다. 후속 투자계획이라고 해서 창업자가 새롭게 투자하는 것이나 투자자에게 투자를 받아 다시 투자하는 것으로 생각할 수도 있지만 그것을 요구하는 것은 아니다. 창업자가 매년 이 사업을 위해 필요한 비용이 투자인 셈이다. 따라서 앞서 개발 이후 5년간 매출, 비용을 추정했기 때문에 그 자료에 있는 '비용'이 여기서는 '투자계획'인 것이다. 따라서 향후 5년간의 비용을 계산한 내역을 그대로 쓰면 된다.

3. 고용유지 및 고용창출 계획

(1) 고용창출 계획

1) 고용창출 현황: 창업 3년 차 현재 10명
① 신규 고용현황: 2018년 2명, 2019년 3명, 2020년 7월 현재 2명
② 2019년 ○○○ 고용창출우수기업 선정
③ 34세 미만 청년인력 70% 이상

2) 고용창출 계획
① 청년고용창출: 신규고용은 **청년채용 중심으로 진행**
② 고용인원목표: **매년 최소 5명 이상의 신규채용 목표**
③ 과제종료시기 고용목표: 15명 이상
④ 과제종류 후 5년 이후인 2027년 고용목표: 50명 이상

(2) 고용유지 방안

① **기술연구소 설립**을 통한 기술 인력 고용유지(연구 활동비 월 20만 원 지원)
② **직무보상발명제도 도입**(특허등록 시 200만 원 인센티브 지원)
③ **스톡옵션 실시**를 통해 핵심인력 고용유지 및 영입 추진
④ **퇴직연금제 도입** 및 공표로 안정적 근무환경 조성
⑤ 주5일 근무제, 초과근무 최대한 금지
⑥ **청년추가고용지원금**: 현재까지 3명
⑦ **청년내일채움공제**: 현재까지 3명
⑧ **일자리안정자금**: 현재까지 2명
⑨ 기타: 자기계발 지원, 사내 간식부스운영, 다양한 복지정책 수립 중

당사 성장의 가장 중요한 핵심요소가 직원임을 명심하여 직원의 복지와 자기계발에 필요한 투자는 우선적으로 집행. 이후 **정부의 고용유지정책도 적극 활용.**

<표> 고용 현황 및 향후 계획

구 분	(20××)년 (기술개발 전년)	(20××)년 (개발종료 해당년)	(20××)년 (개발종료 후 1년)	(20××)년 (개발종료 후 2년)
신규고용(명)	3	4	5	5
상시고용(명)	11	15	20	25

여기서 강조해야 할 것은 신규 고용창출 계획이다. 사업기간 동안에 신규 고용창출 인원수를 제시하는 것이 좋다. 정부지원금이 최대 1억 원이면 1명, 2억 원이면 2명 이상 신규고용을 하겠다고 작성해라. **가장 적당한 수준은 연간 2명의 신규고용이다.** 고용유지 및 고용창출 계획은 작성요령에 있는 내용에 따라 작성하면 된다. 교육프로그램, 기술개발 성과공유, 스톡옵션, 직무보상발명제도 등 내부적으로 고용유지를 위해 조치하고 있는 내용을 사실 그대로 넣으면 된다. 이때 정부고용지원정책을 적극 반영하는 것이 좋다. 특히 청년내일채움공제, 청년추가고용장려금 등 청년고용과 관련한 정부의 고용창출 및 유지 정책을 활용하는 것이 좋다.

제5장

합격하는 신청전략과
대면평가 대응방법

(1)
합격하는 신청전략

· 모집일정 확인 및 신청 준비

정부지원사업의 1년간 전체 일정은 1월에 공고된다. 그 일정에 맞춰 신청해야 정부지원금을 받을 수 있다. 신청 시기를 한두 번 놓치면 그 해에는 정부지원사업을 받을 수 없다. 매년 그 일정이 변동되기 때문에 매년 1월에 공고를 확인하고 미리 준비해야 한다.

① 매년 1월에 공고되는 정부지원사업 설명 자료 확인

매년 1월 초 창업지원사업은 K스타트업에 '202×년도 정부 창업지원사업 통합 공고'로 공고되고 중소벤처기업부의 기술개발사업은 중소기업기술개발사업 종합관리시스템(www.smtech.go.kr)에 '202×년 중소기업 기술개발 지원사업 통합 공고'라는 제목으로 공고된다. 다른 부처의 지원사업도 모두 1월 초에 해당부처 홈페이지에 공고된다. 매년 1월 공고된 설명 자료를 확인해야 한다.

② 중요 사업은 1년에 기본 2회 + 추경 1회로 총 3회 모집

중요한 창업지원사업과 기술개발사업은 보통 1년에 2회 모집하는데 대부분은 상반기에 2회를 모두 모집한다. 그리고 7월경에 추경이 통과되면

7~8월 사이에 1회를 추가 모집해 총 3회를 모집한다. 2020년 예비창업패키지의 경우 1월에 1차, 3월에 2차, 7월에 3차 모집을 진행했다. 차수별로 모집하는 분야가 달라서 창업자에 따라서 신청할 수 없는 차수도 있다. 2020년 창업성장기술개발사업 디딤돌창업과제의 경우 2월에 1차, 7월에 2차, 3차 모집을 진행했다. 두 사업 모두 3차의 경우 추경 예산으로 추가 모집한 케이스다. 1차 신청 후 탈락하면 2차에도 신청할 수 있으나 2차에서 탈락하고 추경이 없다면 다음해까지 기다려야 한다.

③ 사업계획서는 11월부터 준비하는 것이 바람직

11월부터 준비하면 다음 연도 정부지원사업에 최대 3회 신청이 가능하다. 창업 사업계획서든 기술개발 사업계획서든 11월부터 준비하기 시작하여 2~3개월 내에 완성하면 1~2월에 공고되는 1차 정부지원사업에 신청할 수 있다. 보통 1차 모집의 신청조건이 가장 넓어서 중소기업이나 예비창업자라면 어떤 분야든지 상관없이 신청할 수 있다. 1차에 탈락하면 2~3차에 계속 신청해 볼 수 있다. 만약 예비창업자가 4, 5월에 처음 사업계획서를 준비한다고 하면 예비창업패키지는 이미 3월에 1, 2차 모집이 완료된 상태라서 신청할 수 없다. 7월에 추경으로 예비창업패키지 3차를 모집을 하고 모집분야가 적절하면 3차는 신청할 수 있다. 만약 모집분야가 다르면 3차에도 신청할 수 없는 것이다.

④ 지차체 지원사업도 매년 상반기(~6월까지) 내에 편성

중앙정부에서 진행하는 창업지원사업 이외에 지자체도 창업지원사업을 운영한다. 대부분 1차만 상반기에 모집한다. 창업자가 사업자등록을 한 지역이나 거주하는 지역의 창업지원사업도 미리 확인하고 신청 일정을 수립해야 한다.

서면평가에서는 '경쟁률'이 당락을 결정하는 매우 중요한 요소다. 경쟁률이 낮으면 서면평가를 거르고 대면평가만 보는 경우도 있다. 동일하게 작성한 사업계획서라도 언제, 어느 사업에 신청하느냐에 따라 경쟁률이 달라질 수 있다. 최대한 경쟁률이 낮은 사업에 신청하는 것이 절대적으로 유리하다.

① 좋은 신청자격 갖추기: 사업을 신청할 수 있는 폭이 넓어진다.

정부지원사업은 신청자격이 있어야 신청할 수 있다. **신청자격은 이미 결정된 자격, 노력해서 얻을 수 있는 자격, 선택할 수 있는 자격이 있다.** 이미 결정된 자격은 성별, 나이 등 현재 창업자가 바꿀 수 없는 자격이다. 여성창업자만 신청할 수 있는 사업이 있고 39세 미만 청년만 지원할 수 있는 사업이 있다. 이런 자격은 현시점을 기준으로 창업자가 바꿀 수 있는 것이 아니다. **노력해서 얻을 수 있는 자격은 각종 인증, 법인 창업이 대표적이다.** 벤처기업이나 기술연구소 인증을 받는 기업만 신청할 수 있는 사업이 있고 법인만 신청할 수 있는 사업도 있다. 지역별로 해당지역 창업자만 신청할 수 있는 사업도 많다. 창업자가 선택할 수 있는 것은 동일한 조건에서 여러 개의 세부사업 중 하나를 선택할 수 있는 것과 사업신청 시 담당 주관기관을 선택할 수 있는 것이다. 디딤돌창업과제의 경우 첫걸음, 여성참여, 소셜, 재도전 4가지 세부사업 중 하나만 선택하여 신청할 수 있고 예비창업패키지의 경우 지역이나 나이 등에 관계없이 30개가 넘는 주관기관 중 하나를 선택하여 신청할 수 있다. 창업자는 이런 자격 조건을 미리 알고 준비해야 한

다. 특히 두 번째 자격인 '**노력해서 얻을 수 있는 자격**'을 미리 갖
춰야 합격가능성이 높아진다.

② 경쟁률이 낮은 사업은 신청자격이 까다롭다.

기술개발사업에 있어서 디딤돌창업과제에 비하여 여성창업활성화과
제, 혁신기술개발사업, 산학연기술개발사업 등은 경쟁률이 낮다. 특히
여성창업활성화과제, 산학연개발사업 등은 더 낮다. 두 가지 이유가 있
는데 지원금액 규모와 신청자격이다. 여성창업활성화사업은 여성기업만
지원할 수 있는데 당연히 남녀구분 없이 지원할 수 있는 사업보다 경쟁
률이 낮다. 산학연개발사업은 대학·연구기관과 미리 계약체결이 필요
한데 그 과정이 힘들고 참여연구기관과 정부지원금을 나눠 써야하기 때
문에 상대적으로 경쟁률이 낮다. 그 외 사업은 지원규모가 4억~6억 원
으로 신청하고 싶은 창업자가 많지만 여러 가지 신청자격이 까다롭다.
또, 빅데이터 AI 등 특화 기술개발은 신청자격이 더 까다롭다.

③ 창업자가 노력해서 얻을 수 있는 대표적인 신청자격

노력으로 얻는 자격	특징
1. 창업교육 이수	예비창업패키지 가점
2. 창업경진대회 입상	예비창업패키지 가점
3. 특허출원	정부지원사업 기술 독창성
4. 연구전담부서/기술연구소	과학기술정보통신부 지원사업 신청자격 조건
5. 벤처기업 확인	창업기술개발사업 전략형창업과제 신청자격
6. 자본잠식 방지	전년도 기준으로 자본잠식이면 기술개발 신청 불가
7. 평균성장률 10~20%	해당 조건에 예비가젤(2년 6억 원)사업신청 자격
8. 연구개발투자 비율 10%	과학기술정보통신부 지원사업 신청자격 조건

[창업자가 노력해서 얻을 수 있는 대표적인 신청자격]

벤처기업이 확인을 받으면 여러 가지 기술개발사업을 신청할 수 있는 자격이 된다. 창업성장기술개발사업의 대표적인 세부과제로 디딤돌창업 과제와 전략형창업과제가 있다. 디딤돌창업과제는 7년 미만 중소기업이 면 신청할 수 있고 전략형창업과제는 7년 미만이면서 벤처기업이면 신 청할 수 있다. 신청하는 사업계획서 양식은 동일하다. 그런데 최대 정부 지원금은 디딤돌창업과제 1년에 1.5억 원, 전략형창업과제는 2년간 최 대 4억 원이다. 디딤돌창업과제는 1년에 3회, 전략형창업과제도 최대 3 회. 벤처기업 인증을 받은 기업은 동일한 사업계획서로 1년에 최대 6번 신청할 수 있는데 그렇지 않으면 디딤돌창업과제만 3회 지원할 수 있다. **더 중요한 것은 경쟁률인데 디딤돌창업과제의 경쟁률이 10 대 1 정도인데 오히려 전략형창업과제의 경쟁률은 5 대 1 정도로 훨씬 낮다.** 벤처기업이라는 자격 하나로 정부지원사업에 합격할 가능 성과 지원금이 3배 이상 오른다. 실제 내가 컨설팅한 기업 중에도 디딤 돌창업과제에서는 탈락했는데 전략형창업과제에 합격하는 경우도 훨씬 많았다. 창업자는 이런 내용을 파악하고 경쟁률이 낮은 사업에 신청할 수 있는 자격을 미리 갖춰 놓아야 한다.

④ 어떤 자격은 전년도 12월을 기준으로 갖춰야 한다.

자본잠식, 매출성장률, 연구개발투자비율 등은 재무제표에 반영된 것 을 기준으로 자격을 파악한다. 따라서 당해 정부지원사업을 신청할 때 는 작년 결산기준으로 조건이 갖춰져야 한다. 앞서 언급한 회계 관련 자 격은 국세청에 보고된 표준재무제표를 통해 확인하기 때문에 기업 담당 회계사와 상의하여 미리 조건을 갖춰야 한다.

• 합격 가능성을 높이기 위해 창업자가 선택할 수 있는 사항

① 예비창업패키지 등 창업패키지 신청 시 주관기관의 선택 기준

주관기관	지원규모(명)		소재지	주관기관	지원규모(명)		소재지
	청년	중장년			청년	중장년	
강원창조경제혁신센터	15	10	강원(춘천)	강원대학교	12	8	강원(춘천)
경기창조경제혁신센터	36	24	경기(성남)	건국대학교	21	14	서울
경남창조경제혁신센터	18	12	경남(창원)	경기대학교	24	16	경기(수원)
경북창조경제혁신센터	16	10	경북(구미)	계명대학교	11	7	대구
광주창조경제혁신센터	18	12	광주	대구대학교	18	12	경북(경산)
대구창조경제혁신센터	18	12	대구	동아대학교	16	11	부산
대전창조경제혁신센터	16	11	대전	부산대학교	19	13	부산
부산창조경제혁신센터	21	14	부산	성균관대학교	22	15	경기(수원)
빛가람창조경제혁신센터	6	4	전남(나주)	숭실대학교	24	16	서울
서울창조경제혁신센터	27	18	서울	연세대학교	19	13	서울
세종창조경제혁신센터	16	10	세종	원광대학교	19	13	전북(익산)
울산창조경제혁신센터	15	10	울산	인천대학교	20	13	인천
인천창조경제혁신센터	28	19	인천	전북대학교	21	14	전북(전주)
전남창조경제혁신센터	23	16	전남(여수)	한국산업기술대학교	19	12	경기(시흥)
전북창조경제혁신센터	15	10	전북(전주)	한밭대학교	20	13	대전
제주창조경제혁신센터	9	6	제주	한양대학교	24	16	서울
충남창조경제혁신센터	18	12	충남(아산)	호서대학교	21	14	충남(아산)
충북창조경제혁신센터	9	6	충북(청주)				
포항창조경제혁신센터	6	4	포항				

* 거주지, 창업예정지 등에 관계없이 1개의 주관기관에 한하여 신청 가능

[2020년 예비창업패키지 주관기관별 선발 규모]

창업패키지는 신청할 때 주관기관을 선택해야 한다. 주관기관별로 접수된 사업계획서끼리 경쟁하여 선발하기 때문에 주관기관 선택도 전략을 세워야 한다. 주관기관별로 선발하는 규모가 다르다. 당연히 수도권 주관기관에서 뽑는 규모가 크다. 그런데 *표 문구를 보면 '거주지, 창업 예정지 등에 관계없이 1개의 주관기관에 한하여 신청가능'이라고 되어 있어 지역은 상관없이 신청할 수 있다. 주관기관 선택은 **지방 창조경제혁신센터 → 수도권 창조경제혁신센터 → 지방대학교 → 수도권 대학교 순으로 추천한다.** 창조경제혁신센터는 전문적으로 창업지원사업을 운영하는 곳이기 때문에 대학교보다 전문 평가위원 pool이 많고 행정처리가 훨씬 안정적으로 진행되는 것 같다. 무엇보다 수도권보다는 지방이 경쟁률이 낮을 것이다.

② 디딤돌창업과제 신청 시 세부과제의 선택 기준

구 분		차수	1차	2차	합계
내역사업	세부과제	신청 · 접수	2월	6월	
디딤돌 창업과제 (단독형기 술개발)	첫걸음과제	예산	319.2억 원	159.6억 원	478.8억 원
		과제 수	266개	266개	532개
	여성참여 과제	예산	48억 원	24억 원	72억 원
		과제 수	40개	40개	80개
	소셜벤처 과제	예산	30억 원	15억 원	45억 원
		과제 수	25개	25개	50개
	재창업과제	예산	30억 원	15억 원	45억 원
		과제 수	25개	25개	50개

[2020년 디딤돌창업과제 1 · 2차 세부과제별 선발 규모]

연도별로 세부과제가 바뀌지만 2020년 기준으로 디딤돌창업과제에는 첫걸음, 여성참여, 재도전, 소셜, 비대면 분야 세부과제가 있다. 첫걸음과제는 기술개발사업을 처음 도전하는 기업, 여성참여과제는 대표자가 여성이거나 여성참여가 높은 기업, 재도전은 대표자가 재 창업한 경우, 소셜벤처과제는 기술보증기금에서 소셜기업 인증을 받은 기업이나 사회적기업, 비대면 분야는 아이템이 비대면 분야인 경우다. 기업에 따라 이 조건 중 2~3가지 세부과제에 모두 신청할 수 있는 자격이 되는 경우가 있다. 그럴 때도 당연히 경쟁률이 낮은 쪽을 선택해야 한다. 비대면 과제의 경우 디딤돌창업과제 3차 모집 시에만 특별히 적용한 세부과제이기 때문에 별도로 하고 나머지 4개 과제에 대해서는 **소셜벤처과제 → 재창업과제 → 여성과제 → 첫걸음과제 순으로 추천한다.** 소셜벤처과제와 재창업과제의 선발규모가 차수별로 적지만 그만큼 신청할 수 있는 모수가 적다는 것이다. 첫걸음과제는 기술개발사업에 한 번도 합격하지 못한 기업만 지원할 수 있기 때문에 거의 모든 창업자에게 해당되는 자격이다. 경쟁률이 가장 높아, 대략 20 대 1 정도라고 생각하면 될 것이다.

자신감 있게 이것저것 눈치 안 보고 가까운 주관기관과 원하는 세부과제에 신청하면 편하겠지만 한 번 탈락하면 또 다시 4~5개월을 고생해야 한다. 간절한 마음으로 합격할 수 있는 가능성을 1%라도 높은 선택을 하기 바란다.

(2)
합격하는 대면평가 대응방법

• 발표의 핵심요령

① 발표는 최대한 짧게 하고 질의응답을 오래 한다.

발표는 최대한 간단명료하게, 짧게 하고 질의응답을 오래 하는 것이 좋다. 발표시간이 길면 지루해지기 마련이다. 그리고 평가위원은 사업계획서를 읽어 보느라 발표내용은 집중하지 못한다. 평가위원이 사업계획서를 미리 검토하고 온 것이 아니라서 그 시간에 사업계획서부터 읽어야 한다. **당락은 창업자의 발표내용이 아니라 질의응답 과정에서 결정된다.** 최대한 질의응답 시간을 길게 가져가면서 평가위원이 궁금해 하는 것을 충분히 설명하는 것이 중요하다.

② 발표의 핵심내용은 단순하게 4가지로 개요, 문제점과 필요성, 차별성과 강점, 사업화 가능성이다.

발표할 때는 앞서 설명한 정부지원 사업계획서 전개 방식 4단계에 입각해서 발표하면 된다. 어떤 사업이든 마찬가지다. 일반적인 발표 스토리는 다음과 같다.

1. **개요:** 우리가 만드는 제품(서비스)은 ○○○○이다. 그림으로 설명.

2. **문제점과 필요성(개발이유):** 이것을 개발한 이유는 지금은 이런 저런 문제가 있는데 그것이 너무 불편하고 비합리적이다. 그런데 지금 이런 것을 생각하는 있는 기업이 없다. 그래서 그것을 직접 해결하기 위해 개발한다.

3. **차별성 및 강점:** 우리는 이런 특별한 방식으로 이것을 해결한다. 이 방식은 매우 효율이 높다. 우리는 그것을 거의 다 완성했다. 그리고 우리는 우리 기술을 보호하기 위해 특허도 출원했다. 우리는 경험도 많다.

4. **사업화 가능성:** 이 제품(서비스)으로 신규로 창출할 수 있는 시장이 이렇게 크고 우리는 00%의 시장을 점유하여 이렇게 많이 벌 수 있다. 그리고 이미 초기시장을 개척하고 있으며 고객은 벌써 이런 반응(구매 의향, 계약, MOU 등)을 보이고 있다.

이렇게 5분 정도 발표하고 다른 부분들(개발방법, 인력, 조직, 일정, 자금 활용 해외진출 등)은 발표 자료에 포함시켜 만들어 놓기만 해도 된다. 굳이 설명할 필요가 없는 항목도 많다. 그런 항목은 발표할 때 언급만 하고 넘어가도 상관없다.

・발표 자료 작성법

발표 자료는 대면평가표의 평가지표 순대로 만든다. 예상 질의응답을 미리 만들어 가져가고 파일형식은 PDF로 한다. 창업패키지의 경우 발표 자료 양식을 따로 공지하는데 제출한 사업계획서 순서와 동일하게 준비하면 된다. 디딤돌창업과제의 경우 대면평가표가 공개

(smtech홈 → 정보마당 → 자료마당 → 규정 및 서식 → 창업성장기술개발사업 사업별 규정 → 창업성장기술개발사업 관리지침 및 서식)되어 있어 평가지표 순서대로 발표 자료를 만들어야 한다.

① 예비창업패키지 발표 자료 5페이지 목차

1. 문제인식
2. 실현가능성
3. 성장전략
4. 팀 구성
5. 참고 자료

② 디딤돌창업과제 발표 자료 목차

페이지	목차	내용
1	과제명	표지
2	1. 개발개발의 창의 도전성	표지
3	(1) 기술개발의 배경	발표에서 가장 중요한 부분 발표시간의 70% 할애
4	(2) 현재의 문제점	
5	(3) 해결방안	
6	(4) 우리의 솔루션	
7	(5) 독창성 및 차별성	
8	2. 기술개발 방법	표지
9	(1) 개발시스템 최종목표	

10	(2) 시스템구성(서비스 플로우)	
11	(3) 핵심개발 내용 1	개발 내역을 구체적으로 작성함. 발표할 때는 제목만 읽고 스킵
12	(4) 핵심개발 내용 2	
13	(5) 핵심개발 내용 3	
14	(6) 핵심개발 내용 4	
15	(7) 사업 준비 현황(선행연구)	
16	(8) 참여인력 현황	
17	3. 사업화 계획	표지
18	(1) 현재 시장 상황	
19	(2) 3년간 당사 매출 현황	
20	(3) 사업화 실적	제목만 읽고 스킵
21	(4) 투자유치 현황	없으면 삭제
22	(5) 유사 서비스 현황(경쟁)	
23	(6) 수익모델	
24	(7) 향후 5년간 매출 목표	
25	(8) 마케팅 추진 계획	
26	4. 고용계획	표지
27	(1) 연도별 고용 현황	
28	(2) 고용계획	
29	5. 정부정책부합성	표지+내용
30	예상 질문 및 답변	

[디딤돌창업과제 발표 자료 목차]

자료는 PPT로 작성하겠지만 PDF로 변환하여 제출하거나 가져가야 한다. 대면평가 현장의 PC가 오래되어 최신버전 PPT가 작동되지 않는 경우가 많고 스피커도 없어 애니메이션, 동영상, 소리 등 효과도 거의 안 된다. 동영상을 꼭 보여 주고 싶다면 별도의 파일로 가져가거나 태블릿 PC를 가져가서 보여 주면 된다.

발표 자료는 화려할 필요가 없다. 간단하게 텍스트로만 만들어도 된다. 창업자가 이미 발표용으로 만든 자료가 있다면 그것을 최대한 재활용하고 새로 만들 것이라면 시간이나 비용을 들여 만들 필요는 없다. **다만 이미 제출한 사업계획서와 비교하여 부족한 부분이 있어 평가위원이 지적할 가능성이 있는 부분은 반드시 작성해서 가야 한다.**

특히 성능지표는 발표 자료에 넣지 마라. 발표 자료에 넣는 순간 공격의 대상이 된다. 또 사업계획서의 모든 내용을 PPT에 넣을 필요는 없다. **창업자가 자랑할 수 있는 것만 넣는 게 가장 좋고 조금이라도 불리할 것 같은 것은 넣지 마라.** 발표 자료 마지막에 예상 질의응답을 미리 적어 가면 좋다. 하나의 질문과 답변을 1페이지에 담아 5~10페이지 정도 미리 준비한다. 질의응답 시간에 예상한 질문이 나왔을 때 해당페이지로 이동하여 설명하면 준비를 잘한 것으로 보인다.

· 발표 멘트의 작성과 발표연습

발표를 처음하면 긴장이 된다. 머릿속 생각만으로 현장에서 발표를 하다 보면 실수하는 경우가 생긴다. 물론 약간 긴장한 상태에서 발표하는 것도 나쁘지는 않지만 너무 긴장한 나머지 의견을 잘못 표현하는 경우도 생긴다. 그래서 발표 멘트를 미리 만들어 연습하고 발표하는 것이 좋다.

발표 멘트는 구어체로, A4용지에 12폰트 크기로 1페이지만 쓴다. A4용지 1페이지를 꽉 채운 발표 멘트로 자연스럽게 발표하면 약 5~7분 정도 걸린다. 따라서 그 발표 멘트를 조금 줄이거나 늘이면 5분, 10분 이런 식으로 시간을 맞출 수 있다.

발표 멘트는 발표 자료의 각 페이지를 보면서 적는다. 처음에는 해당 페이지에서 하고 싶은 모든 멘트를 다 적는다. 그렇게 전체 페이지를 완성하고 여러 번 읽어 보면서 멘트를 줄여 나간다. 이 과정을 반복해 중복되는 문구나 내용을 삭제하고 최대한 필요한 멘트만 남긴다. 그렇게 발표 멘트가 완성된다.

이후 **발표 멘트를 약 100번 정도 소리 내어 읽다 보면 암기하지 않아도 자연스럽게 발표할 수 있게 된다. 100번 읽는 데 2~3시간이면 충분하다.** 나중에는 발표 페이지만 봐도 자동으로 발표 멘트가 튀어나온다. 군이 외우지 않고 자연스럽게 발표를 할 수 있게 된다. 발표가 점점 익숙해지면 5분, 7분, 10분 발표도 적절히 멘트를 가감하면서 여유롭게 끝낼 수 있다. 대면평가 현장에 갈 때는 발표 멘트를 출력해서 단상에 올려놓고 발표해도 된다. 발표하다가 갑자기 멘트가 생각나지 않으면 단상에 올려놓은 발표 멘트를 참고하여 발표해도 된다. 다만 발표 멘트를 그대로 보고 읽지는 마라.

① 발표의 목적은 설득이 아니라 의견수렴, 조언청취다.

발표는 평가위원을 설득하는 것이 아니라 평가위원의 조언을 듣는 자리다. 평가위원은 창업자의 사업계획서를 읽어 보고 자신의 경험에 따라 이해하고 질문한다. 그래서 창업자가 듣기에는 질문이 매우 원초적이고 전문적이지 못한 경우가 많다. 하지만 그런 것도 하나의 의견으로 받아들여야 한다.

긍정적인 질문은 거의 없고 부정적이거나 억지로 우려가 되는 것만 골라서 질문한다. 예를 들어 '기술의 난이도가 낮은 것 같다.', '차별성이 부족한 것 같다.', '경쟁이 안 될 것 같다.' 등의 질문이다. 평가하고 순위를 매겨야 하니 자연스러운 질문이다. 그런 질문에도 정중히 대답해야 한다.

평가위원을 설득하려고 기술성, 사업성 설명을 하다 보면 답변이 길어지고 변명처럼 들리는 경우가 만다. 여러 명의 평가위원에게 질문을 받다 보면 답변할 시간도 매우 짧다. **그 시간에 평가위원을 설득하는 것은 불가능하다. 평가위원을 설득하지 말고 평가위원의 의견에 수긍하는 것이 중요하다.** 그 의견에 따라 사업이나 개발에 반영하는 하겠다고 하는 것이 가장 현명한 자세다.

② 발표할 때 예의가 중요하다.

설득하려다 보면 큰 소리로 말하게 되고, 한 번 더 질문이 들어오면 토

론하거나 싸우게 되는 경우가 있다. 그런 창업자는 예의 없어 보이고 이성보다는 감정적으로 평가받을 여지를 주게 된다. 당연히 좋은 점수를 받기 어렵다.

최대한 예의를 갖춰야 한다. 발표자는 정장을 입는 것이 좋고, 참여하는 연구원과 함께 평가장에 가는 것이 좋다. 그것이 더 예의 있어 보인다. 평가장에 들어갈 때는 큰 소리로 인사하고 얼굴 표정은 긴장한 듯 입가에 옅은 미소를 띠는 것이 좋다.

• 질의응답 방법: 최대한 겸손하게

질문에 답변하는 것도 스킬이 필요하다. 보통의 경우 질문을 받으면 무작정 자세히 설명하여 설득시키려 한다. 대부분의 질문은 평가위원이 사업계획서를 읽어 보고 완벽하게 이해하지 못한 상태에서 평가위원이 이해한 내용을 확인하며 공격하는 형식으로 진행된다. 완벽하게 배경을 모르는 상태에서 질문을 하니 이상한 질문이나 핵심에서 벗어난 질문도 많이 한다. 전반적으로 질문의 질이 떨어진다. 이해가 부족한 것을 어떻게 하겠나? 시간도 없는데. **그때는 질문에 제대로 대답하는 것보다는 청취자의 자세로 수긍하고 평가위원의 편을 들어 주는 것이 좋은 자세라고 할 수 있다.**

① 답변을 시작하는 멘트
'정말 좋은 질문입니다.', '이 질문 안 하시면 어떡하나 했습니다.', '관련 업계 전문가분들께서 자주 하시는 질문입니다.' 등 전문가처럼 심도 있고 날카로운 질문을 할지 몰랐다는 반응을 하고 평가위원의 질문에 감사함을 표하고 시작하는 것이 좋다.

② 긍정적 질문을 해 주는 평가위원과는 대화를 오래 끌고 간다.

긍정적인 질문은 하는 경우가 많이 없는데 만약 있다면 그 평가위원과 되도록 오래 이야기하는 것이 좋다. 더 과감하게는 평가위원에게 창업자가 질문하는 것도 괜찮다. 긍정적 기류가 되면 다른 평가위원에게도 영향을 미쳐 좋은 결과를 이끌어 낼 수 있다.

③ 곤란한 질문에 대해서는 최대한 빠르게 벗어나야 한다.

곤란한 질문에 대해서는 변명할 생각을 말자. 논쟁하지 않는다. 토론하지 않는다. 설득하지 않는다. 수긍하고 인정한다.

· 어려운 질문에 대한 모범 답변

이 세상에서 창업자보다 이 아이템을 잘 아는 사람은 없다. 오늘 사업계획서를 처음 본 평가위원이 내용을 잘 모르는 것은 당연하다. 따라서 평가위원의 어떤 질문도 무시하면 안 된다. 몰라서 질문했기 때문에 그것을 잘 알려 주면 된다. 경중을 따질 필요가 전혀 없다.

① 답변하기 곤란한 질문 2가지

질문을 받다 보면 대답하기 어려운 두 가지 형태의 질문이 있다. 첫째는 진짜 어려운 질문으로 모르기 때문에 답변할 수 없는 질문이고 둘째는 말이 안 되고, 상황파악이 전혀 안 된, 어이없는 질문으로 답변하는 것 자체가 무의미한 질문이다. 이런 질문에도 창업자는 짜증을 내면 안 된다. 평가위원이 일부러 그러는 것은 아니다. 그러니 이런 질문도 성의껏 대답해야 한다. 창업자는 돈을 받으러 온 사람이다. 돈 받을 사람이 돈 주는 사람한테 큰 소리 칠 수는 없다.

② 어려운 질문에 대한 모범 답변

위와 같은 어려운 질문에는 모범되는 답변이 있다. 진심을 가지고 다음과 같이 답한다. **"제가 지금껏 그런 질문을 받아 보지 못했습니다. 그 부분은 미처 생각하지 못했습니다. 오늘 그 질문을 안 해 주셨으면 계속 모르고 지나쳤을 것 같습니다. 질문해 주셔서 감사합니다. 평가위원님께서 말씀해 주신 내용을 반드시 다시 검토하고 사업에 반영하겠습니다. 죄송합니다만 잠깐 시간 주시면 메모 좀 해 놓겠습니다."** 이렇게 대답하면 더 이상 공격 받지는 않을 것이다.

• 자주 하는 질문

분야에 따라서 질문 내용이 다를 수 있지만 일반적으로 자주 받게 되는 질문을 뽑아 보면 다음과 같다.

① 기술개발이 거의 다 된 것 같다는 질문

'내용을 들어 보니 거의 다 개발된 것 같은데 뭘 개발하겠다는 것인지?'

② 기술의 난이도가 낮아 보인다는 질문

'기술의 난이도는 높지 않은 것 같은데, 쉽게 보이는데….'

'평가지표가 너무 일반적인데? 이 지표로는 성능평가가 불가능할 것 같은데?, 평가기준이 객관적이지 않다. 그 기준이 너무 나이브한 것 아니냐? 개발 내용이 상세하지 않다.'

'크게 새로운 기술은 없고 기존 기술을 활용해서 만드는 것인데 뭐가 차별화된 것인지 다시 설명해 달라.'

'결국 있는 기술을 응용해서 개발하는 SI성 개발 아니야?'

③ 기술개발 가능성 의심에 대한 질문

'이런 저런 기술이 이런 문제가 발생했는데 이건 어떻게 가능하냐?'

'내가 이 분야에는 전문가인데, 그런 저런 알고리즘이 구체적으로 어떻게 되는지 설명해 봐라. 안 되는데?'

'실제로 개발한 경험이 얼마나 되는지?'

④ 차별성, 독창성에 대한 질문

'내가 이거랑 비슷한 것을 본 적이 있다. 차별성이 없다. 뭐가 다르냐?'

'이런저런 유사한 서비스가 많은 것 같은데, 차별성이 무엇이냐? 강점이 무엇이냐? 별로 차별성이 없는 것 같다.'

'다른 기업이 금방 따라할 것 같은데 어떻게 할 것이냐?'

'기존 방식과 다르고 효율적인지? 기존 방식과 무엇이 다르냐?'

⑤ 사업성에 대한 질문

'사업성이 별로 없어 보인다. 도대체 돈은 어떻게 벌 것인가? 매출이 너무 과다하지 않나?' '비즈니스 모델을 설명해 달라. 수익모델이 뭔지 구체적으로 설명해 달라.'

'이 제품이나 서비스를 구매하거나 사업에 참여하는 주체들이 어떤 베니핏이 있냐? 구체적으로 하나씩만 설명해 봐라.'

⑥ 기타 질문

'인건비나 연구장비가 비중이 왜 이렇게 높냐? 투입률이나 사업비 편성에 문제가 있다.'

'그래서? 들어도 잘 모르겠다. 무엇을 개발하는지 명확히 다시 설명해 봐라. 서비스(개요) 다시 한번 설명해 달라.'

이런 질문이 많이 나오니 답변을 미리 준비해라. **답변은 설득도 괜찮지만 지혜롭게 빠져나가는 것도 하나의 방법이다. 빠져나갈 때는 평가위원을 존중하면서 빠져나가는 것이 가장 좋은 방법이다.**

(3)
정부지원사업에 100% 합격하는 방법

> **· 정부지원사업에 탈락하는 이유**

열심히 사업계획서도 작성하고 발표도 잘 했는데 탈락하는 이유는 뭘까? 아이디어가 괜찮고 나름대로 사업계획서도 잘 썼고 열심히 사업도 하고 있는데 탈락한다. 탈락한 평가의견을 읽어 보면 이해가 되지 않는다. 절대로 그 의견에 동의할 수 없다. 제대로 창업해서 열심히 사업계획서도 쓰고 정부지원사업에 신청했다면 합격하는 게 정상이다.

평가의견은 그저 핑계일 뿐이다. 탈락한 이유는 따로 있다. 그중에서 고칠 수 있는 것들은 고쳐야 합격 가능성이 높아진다.

정부지원사업에 떨어지는 이유 6가지
1. 사업계획서를 제대로 못써서
2. 신청하는 사업의 취지에 맞지 않아서, 자격이 안 되어서
3. 경쟁률이 높아서
4. 재수가 없어서(창업자가 고칠 수 없는 이유)
5. 평가위원의 개인 수준 차이(창업자가 고칠 수 없는 이유)
6. 아이디어가 별로라서(고치기 어려운 이유)

① 사업계획서를 제대로 못써서

아이디어는 좋은데 사업계획서를 잘못 써서 탈락한다. 내가 컨설팅한 수많은 기업들이 여기에 속한다. 아이디어가 좋아도 사업계획서를 잘못 쓰면 탈락한다. 이것은 창업자가 충분히 고칠 수 있는 것이다.

② 신청하는 사업의 취지에 맞지 않아서, 자격이 안 되어서

예를 들어 제조업체만 지원하는 사업인데 제조업을 등록하지 않는 창업자가 신청을 하거나, 3년 미만의 사업자가 신청할 수 있는데 3년 넘은 사업자가 신청을 하면 자격이 안 돼서 탈락한다. 때로는 공고문에 다소 애매하게 신청자격이 공고되는 경우가 있는데 그것을 창업자 스스로 유리한 방향으로 이해하고 신청하면 그것도 자격이 안 돼서 탈락하는 경우가 많다. 모르는 것은 물어봐라. 요즘 빅데이터, AI 등 특정 아이템에 지원하는 정부지원사업이 많은데 이런 사업에 신청할 때도 해당 아이템을 실제로 개발하는 사업자만 신청하는 것이 좋다.

③ 경쟁률이 높아서

이 부분은 앞서 '합격률을 높이는 신청전략'에서 설명했다. **정부지원사업에 탈락하는 가장 큰 이유는 높은 경쟁률 때문이다.** 만약 10명을 모집하는데 10명만 신청한 사업이 있다면 100% 합격할 것이다. 정부지원사업도 가끔은 미달이 발생하는데 그때는 추가 모집도 한다. 경쟁률이 낮으면 사업계획서의 수준이 낮아도 합격할 수 있다. 최대한 경쟁률이 낮은 사업에 신청해야 한다.

④ 재수가 없어서(창업자가 고칠 수 없는 이유)

열심히 준비했는데 탈락한다면 재수가 없었던 것뿐이다. 어떤 평가장의 경쟁률이 3 대 1이면 10개 사업계획서 중에서 3~4개 정도를 뽑아야 한다. 그런데 하필이면, 그 평가장에 너무 좋은 아이템이 4개 이상 경쟁하게 된 것이다. 특허가 10개, 매출도 15억 원 이상, 직원도 20명 이상에 연구원 10명 이상, 구매의향서도 10건 이상 확보 등 겉으로 보이게 너무 좋은 조건을 갖춘 사업계획서가 많이 접수될 수 있다. 불행히도 그런 조건을 갖추지 못한 사업계획서는 아이디어가 좋아도 경쟁에서 밀릴 수 있다. 반대로 다른 평가장에서는 그것보다 훨씬 떨어지는 아이템도 합격할 수 있다. 이런 경우에 탈락 사유가 대부분 비슷하다. '귀하의 아이템과 아이디어가 훌륭하나 이번에 너무 많은 아이디어가 접수되어 부득이하게 선정하지 못했습니다.' 이런 메일이 오면 그냥 받아들이면 된다. 이것은 미리 대비할 수 있는 것도 아니다. 그냥 재수가 없었던 것이다. **반대로 재수가 좋아서 합격하는 것은 아니다. 합격하는 이유는 창업자의 실력 때문이지 운이 아니다.**

⑤ 평가위원의 개인 수준 차이(창업자가 고칠 수 없는 이유)

평가당일 창업자의 아이디어를 이해할 만큼 스마트한 평가위원이 없었던 것이다. 평가위원도 최첨단 기술을 다 알 수는 없고 평가시간이 짧아 아이디어의 가치를 이해하지 못할 수도 있다. 평가위원이 살아왔던 방식대로 생각하고 결정하기 때문에 최신 기술을 활용하여 도전적으로 사업을 추진하는 아이디어를 이해할 수 없어 탈락시키기도 한다. 창업자가 생각하는 분야의 진정한 전문가가 평가위원으로 참여했으면 합격했을 것이다. 평가위원별로 능력과 성향이 다르고 가치 있는 사업을 보는 눈도 다르다. **꼰대 같은 평가위원을 만나면 탈락할 수 있다.**

⑥ 아이디어가 별로라서(고치기 어려운 이유)

해결할 가치가 별로 없는, 돈을 못 버는, 시장이 너무 작은 아이디어는 신청을 해도 합격할 확률이 낮다. 창업자의 아이디어가 별로인 것은 쉽게 고치기 어려운 것이다.

• 합격할 때까지 도전

탈락하는 이유 중에서 창업자가 고칠 수 없는 두 가지 이유가 있다. 그런 이유 때문에 **완전히 동일한 사업계획서인데도 어떤 사업에는 탈락하고 어떤 사업에는 합격한다. 믿지 못할 수도 있지만 비일비재하다.** 그래서 100% 합격하는 방법은 매우 간단하다. 정부지원 사업에 합격할 때까지 도전하는 것이다.

구분	평가내용
탈락 평가 의견	**평가점수: 53.5, 평가결과: 추천제외** ㅇ해당과제를 검토한 결과 주관기관의 개발의지는 양호하다고 판단되나 다음과 같은 사유로 종합평점이 60점 미만으로 지원 제외 함. ㅇ기술성 제안기술은 ㅇㅇㅇㅇ개발하는 것을 제안하였으나 제안사 보유기술 대비 차별성이 미흡하여 정부지원 필요성이 낮다고 판단됨. 주요 성능지표로 5가지 인증적합도, 감별 정합도 등 10개의 성능지표를 제시하고 공인시험성적서를 제출한다고 제시하고 있으나 ㅇㅇㅇ경우 99%가 되면 적용제품의 수가 많은 경우 낮은 수치로 볼 수 있으며, 오류율에 대한 제시가 부재하고 모바일 DB응답속도, 경고시간 등은 난이도가 상대적으로 낮아 성능지표의 적정성이 미흡함. ㅇ사업성 기술개발 후 주요 판매처로 ㅇㅇㅇ 등 구체적인 수요처를 제시하고 있으나 기존제품대비 차별성의 제시가 미흡하여 해당기술로의 매출확인이 어렵다고 판단됨.
합격 평가 의견	**평가결과: 추천대상, 평가점수: 70.67** □ 기술성 및 기술개발 역량 기존의 제품의 고도화를 위한 기술에 대해 요구사항과 개발목표를 구체적으로 명시함. 제시한 제품의 요구기능에 대해 ㅇㅇㅇ과 ㅇㅇㅇ에 따른 기능적 분류를 구체적으로 제시하였으며 이를 성능지표에 적절히 반영함. □ 사업성 기존의 동일한 ㅇㅇㅇ보안성이 높은 제품에 적용할 수 있고, 원가를 낮추어 고도화된 제품을 낮은 가격에 판매할 수 있는 기술을 확보하여 사업화 가능성이 높음. 개발제품의 시장포지션이 명확하여 사업화 시 개발제품을 응용할 수 있는 ㅇㅇㅇ에 특화할 수 있을 것으로 판단함.

[동일한 사업계획서 완전히 다른 평가결과 사례1]

실제 해당 제품은 이 기술을 통해 국내에서만 연간 30억 원 이상의 매출을 올리고 있고 해외에 수출도 하고 있다. 평가위원이 사업성을 제대로 확인했다면 탈락할 수 없는 아이템이었다.

구분	평가내용
탈락 평가 의견	평가결과: 추천제외, **평가점수: 53.33** □ 기술성 및 기술개발 역량 기술개발 목표인 성능지표에서 완성된 결과물에 대한 평가항목이 누락되어 있음. 기존 기술을 적용한 제품과의 성능비교 데이터에 대한 제시가 미흡함. 기술의 개발내용의 구체적인 제시가 미흡함. 재질별 성능지표의 제시가 필요해 보임. □ 사업성 주요 수요처인 ○○○에 대한 구체적인 시장조사 및 영업 전략이 다소 미흡함. 장비운용에 따른 비용 및 영업이익 제시 등에 대한 분석이 다소 미흡하여 사업화 가능성이 낮아 보임.
합격 평가 의견	평가결과: 추천대상, **평가점수: 71** 해당과제를 검토한 결과 다음과 같이 내용이 양호하다고 판단되어 지원대상으로 추천함 ○ 창의, 도전성 기술 활용을 쉽게 적용 가능할 수 있게 해 주는 플랫폼의 개발이라는 측면에서 기존 기술과의 차별성이 인정됨. ○○○와 ○○○간의 불편함을 해소하고자 제안한 기술 중심형 플랫폼 서비스는 매우 창의적이고 도전적임. ○사업화목표의 타당성 사업화 목표를 살펴보면, 예상 연구개발 결과물 제품 매출액이 2020년 2천만 원, 2021년 4억8천6백만 원, 2022년 17억2천9백만 원으로 적절히 제시함. 다만, 투자대비수익률 계산을 통해 보다 구체적인 수익 창출 내용을 보완해야 함. 사업화 목표 산정근거는 실제 시장의 크기와 ○○○증감과 관련하여 추정하고 목표를 설정하였으므로 객관성이 인정됨. ○ 서비스 사업화 계획의 실현가능성 주관기관은 다양한 서비스 분야의 사업화 전략을 가지고 있기에, 기존 네트워크 활용을 통해 사업화를 적절히 수행할 것으로 판단됨

[동일한 사업계획서 완전히 다른 평가결과 사례2]

동일한 사업계획서인데 평가내용은 극과 극이다. 따라서 중간에 포기하면 안 된다. 합격할 때까지 도전하는 창업자가 결국 승리한다. 정부지원사업에 신청할 때는 고칠 수 있는 이유는 고쳐 놓고 합격할 때까지 도전해라. 이 책을 읽고 합격하는 방법에 따라 사업계획서를 쓰고 신청하면 합격할 수 있다.

요즘 창업을 지원하는 정부지원사업이 정말 많다. 그래서 창업지원을 받은 창업자는 한 번에 끝나지 않고 여러 번 반복해서 정부지원을 받는다. 제대로 시작한 창업자는 어떤 사업이든지 한 번은 지원받을 수 있다. 기왕 자기 돈을 투자해서 직원도 뽑고 창업하기로 마음을 먹었다면 정부의 지원도 받아 보자. 합격할 때까지 도전해 보자. 나도 16년간 약 40여 건 정부지원사업에 합격했지만 그 과정에서 최소 120번 이상 탈락했다. 그래도 3번에 한 번은 합격한 것이다. 한 번 합격하면 적어도 1,000만~4억 원을 지원받는데 세상에 이런 확률 높은 사업이 또 어디 있겠나? 중간에 포기하지 말자. 내가 포기하면 나 대신에 다른 창업자가 그 정부지원사업에 합격해 창업지원금을 받을 것이다. 그러니 합격할 때까지 도전해서 꼭 필요한 만큼의 창업지원금을 받아 더 좋은 제품과 서비스를 개발하여 성공하길 바란다.

두려운 도전을 시작하려는 예비창업자와 그 두려움을 헤치고 나가는 창업자의 위대한 꿈에 박수를 보낸다.

창업지원금 10억 이상 받는

정부지원사업
합격의 정석

ⓒ 이혁재, 2020

초판 1쇄 발행 2020년 11월 16일
2쇄 발행 2024년 8월 23일

지은이   이혁재
펴낸이   이기봉
편집   좋은땅 편집팀
펴낸곳   도서출판 좋은땅
주소   서울특별시 마포구 양화로12길 26 지월드빌딩 (서교동 395-7)
전화   02)374-8616~7
팩스   02)374-8614
이메일   gworldbook@naver.com
홈페이지   www.g-world.co.kr

ISBN   979-11-6536-992-7 (13320)